A — 3 Dias No Barco

A ③ Dias No Barco

T-120

ANDRÉ.

quatro ventos

Licensed only
Miami FL copyright

A F

Editora Quatro Ventos
Rua Liberato Carvalho Leite, 86
(11) 3230-2378
(11) 3746-9700

Diretor executivo: Renan Menezes
Editora responsável: Sarah Lucchini
Equipe Editorial:
Renan Bellas
Paula de Luna
Gabriela Vicente
Revisão:
Rebecca Cádimo
Clarisse Castro
Coordenação de projeto gráfico:
Daniel Trindade
Diagramação: Vivian de Luna
Capa: Daniel Trindade
Fotografia: Thiago Gonçalvez

Todos os direitos deste livro são reservados pela Editora Quatro Ventos.

Proibida a reprodução por quaisquer meios, salvo em breves citações, com indicação da fonte.

Todas as citações bíblicas e de terceiros foram adaptadas segundo o Acordo Ortográfico da Língua Portuguesa, assinado em 1990, em vigor desde janeiro de 2009.

Todo o conteúdo aqui publicado é de inteira responsabilidade do autor.

Todas as citações bíblicas foram extraídas da Nova Versão Internacional, salvo indicação em contrário.

Citações extraídas do site https://www.bibliaonline.com.br/nvi. Acesso em abril de 2020.

1ª Edição: 2017
2ª Edição: Agosto 2020

Ficha catalográfica elaborada por Geyse Maria Almeida Costa de Carvalho – CRB 11/973

F363e Fernandes, André

Três dias no barco / André Fernandes. – São Paulo:
Quatro ventos, 2020.
160 p.

ISBN: 978-65-86261-48-6

1. Religião pessoal. 2. Evangelho.   CDD 248
3. Desenvolvimento espiritual. I. Título. CDU 27-1

SUMÁRIO

1 Começando pelo começo _ _ _ _ _ **13**

2 *Houston, we have a problem* _ _ **27**

3 Todos a bordo _ _ _ _ _ _ _ **47**

4 Foi você que fez isso? _ _ _ **63**

5 Quarto 210 _ _ _ _ _ _ _ _ **77**

6 Só o barulho do mar _ _ _ _ **91**

7 Sem anestesia _ _ _ _ _ _ _ **111**

8 O amor não é uma ideia _ _ _ **127**

9 Barquinhos de papel _ _ _ _ **143**

AGRADECIMENTOS

Sou grato por ter vivido nestes dias uma das melhores temporadas da minha vida. Grato pela minha esposa, que durante todo tempo me fortaleceu e me incentivou, sendo muito mais do que minha representante durante a minha ausência, mas minha extensão na verdade. Grato por poder ser o pai da Ceci e por cada momento que passei com ela aqui, tornando tudo mais leve e divertido. Grato pelos meus pais, que desde o ventre até hoje continuam acreditando nas promessas de Deus para minha vida. Grato pela minha igreja e por todo suporte no momento em que eu mais precisei. Sou grato por cada mensagem, ligação, presente, visita, abraço, intercessão, oferta e por cada expressão real de amor que experimentei aqui em todo tempo.

Grato por experimentar um novo nível de intimidade e total dependência. Grato pela Palavra da Verdade que me manteve de pé a todo tempo e me curou, a despeito de todo diagnóstico médico desfavorável. Grato por todo cuidado de pessoas que se envolveram em cada detalhe durante a minha internação. Eu não merecia tanto, mas pude experimentar o favor de Deus através da vida de vocês. Grato por cada profissional que se envolveu no meu tratamento, desde os médicos do CTI até as senhoras da cozinha que sempre me serviram tão bem. Grato por poder escrever estas páginas que marcaram os meus dias durante a internação e vão marcar muitas histórias, em lugares onde a minha voz não vai chegar, mas o meu testemunho sim. Grato.

PREFÁCIO

O que é necessário acontecer para recuperarmos a alegria da vida, o entusiasmo em fazer as coisas junto com os outros, em estabelecer conexões produtivas com as pessoas, em reconfigurar os tormentos que ricocheteiam dentro de nós? Parece que vivemos erigindo pirâmides em nosso interior, monumentos e mausoléus em honra a nós mesmos. O egoísmo manifesto na vida contemporânea, com a brutal insensibilidade com a dor alheia, consumismo desenfreado e falta de compaixão com os enfermos, pode ser superado pelo amor?

Neste livro de fôlego, André Fernandes nos apresenta uma poderosa narrativa de transformação total. Depois de sentir um desconforto no peito, ter procurado ajuda

PLAY ▶

hospitalar, receber um diagnóstico estranho e ser internado, André vivenciou uma profunda reflexão acerca daquilo que realmente importa.

O amor permanece como a força motriz de toda mudança verdadeira. O amor não se vende, o amor não se compra, o amor é inegociável: o amor é a resposta, o amor é uma pessoa: Jesus Cristo. Esse amor foi demonstrado na maior de todas as histórias, a história da cruz. A cruz perpétua nos traz esperança. Na cruz, Jesus carregou nossos pecados, levou nossa culpa. Necessário é nascer de novo! Precisamos morrer com Cristo na cruz para ressuscitarmos com Ele.

Nesta obra, meu amigo André Fernandes mostra que o poder da ressurreição está disponível a nós em Jesus Cristo. As melhores notícias que o mundo já ouviu vieram de um túmulo vazio: Jesus está vivo! Precisamos dessa vida nova, desse novo coração, dessa nova maneira de encarar a existência. Jesus ressurreto nos ensina atravessar paredes! Ingresse nesta jornada reflexiva sobre o sentido da vida, o significado das verdadeiras amizades e a demolição das paredes interiores através da cruz de Jesus Cristo.

DAVI LAGO

00:00:01

ARQVP /// 1
_CPC

/// CAP. 1

COMEÇANDO PELO COMEÇO

"Eu não adicionei Jesus à minha vida. Eu abri mão da minha vida para viver o que Ele tem para mim. Jesus não é um item na minha mochila, que eu carrego durante a minha jornada. Ele é o caminho!"

Imagino que não me conheça, então acho que seria legal me apresentar. Eu me chamo André e sou casado há quase dez anos com a Quezinha. Quando nos conhecemos, tudo aconteceu de forma muito inusitada. Totalmente improvável, eu diria. Eu era muito resistente à igreja evangélica, e ela, adivinha só... Filha de pastor. Mas esse é um bom assunto para um próximo livro, quem sabe? Nós nos casamos bem novos, eu tinha vinte anos, e ela, dezessete, e nem nos meus melhores dias imaginei ter uma família como a que temos hoje. Enfrentamos muitos momentos difíceis, principalmente no início do nosso casamento, e a maior parte deles enquanto eu aprendia que viver a vontade de Deus não significa entrar em um consenso com Ele, mas a vontade d'Ele, na verdade, se sobrepondo à minha.

Costumava brincar com Quezinha que ela era a minha melhor parte. Quatro anos atrás, nossa Ceci entrou nessa história, e agora a minha melhor parte são elas. Eu não consigo descrever ao certo o quanto é bom ser pai, mas fica mais difícil ainda descrever o quanto é bom ser o pai da Ceci. Ela faz tudo parecer mais fácil, consegue transformar qualquer momento em algo único. De forma intencional, ela se esforça para isso, mesmo sem fazer força nenhuma. Todos os dias, ela aprende coisas novas e com ela nós aprendemos também. Tão simples em tudo que faz, mas, ao mesmo tempo, tão intensa... Depois que me tornei pai, entendi melhor muitas coisas a respeito do caráter de Deus. Estes dias, eu estava olhando para ela e refletindo sobre como me faz bem ter ela perto de mim, e naquela hora me lembrei do que a Palavra diz em João 3.16. Essa passagem deixa claro a paixão de um Deus que não sabe perder. Ele entregou o Seu Filho para ter de volta para Si toda a Sua criação. Olhando para a minha filha hoje, essas verdades tomam uma forma diferente, pois eu também abriria mão de tudo o que fosse possível para manter ela perto de mim sempre. Quando nos encontramos em nossos filhos e vemos neles características nossas, encontramos a nós mesmos também. Sem romantizar muito, se eu pudesse explicar em poucas palavras quem somos eu, Quezinha e Ceci, diria que somos uma família longe de ser perfeita, mas somos completos.

CONTANDO OS DIAS

Na cozinha do nosso apartamento havia um coração de madeira pendurado próximo à geladeira, e sempre que eu ia preparar o meu café da manhã, ele me chamava a atenção. Era pintado com tinta preto fosco e todos os dias Quezinha apagava a contagem do dia anterior e escrevia com giz o número de dias que faltavam para a festa de quatro anos da Cecília. Eu me lembro de ficar olhando para aquela contagem inúmeras vezes e refletindo sobre como passou rápido desde o primeiro dia em que a Ceci entrou na nossa vida até hoje. Enquanto escrevo este livro, estou num leito de hospital e não poderei mais participar da festa dela este ano. Aquela contagem marca agora uma das estações mais importantes da minha vida.

Por mais que eu não tenha a pretensão de criar um diário de bordo, acredito que o que tenho vivido aqui vai edificar sua fé e provocar algumas reflexões. Philip Yancey comenta em um de seus livros que sofreu um impacto ao saber que aquilo que ele compartilhava em seus livros, mesmo tendo sido gerado em um ambiente seguro dentro do seu apartamento, estava edificando e encorajando pessoas em meio a cenários caóticos em lugares diferentes do mundo:

> Numa viagem ao Líbano em 1998, conheci uma mulher que me disse que havia lido meu livro *Decepcionado com Deus* durante a guerra civil libanesa. Ela o guardava num abrigo subterrâneo antibomba. Quando o ataque da artilharia se intensificava ao redor de seu alto prédio de apartamentos, ela descia a escadaria escura, acendia uma vela ou uma lamparina a querosene e lia meu livro. Não consigo descrever como aquele relato provocou em mim um sentimento de humildade, considerando que quando cristãos estavam morrendo por sua fé, quando a mais linda cidade do Oriente Médio era reduzida a escombros, naquele mesmo momento palavras que eu escrevi em meu apartamento em Chicago de algum modo levavam conforto àquela mulher.

Impressionante como um livro tem a capacidade de impulsionar e abençoar pessoas.

Nos capítulos anteriores, falo sobre lembranças e memórias de experiências que tive com Deus e que mudaram minha percepção religiosa acerca de muitas coisas; ele foi construído a partir do que tenho experimentado nos últimos anos. Mas é inegável o poder e a profundidade que existe quando compartilhamos algo que estamos vivendo, enquanto estamos vivendo. Este livro está sendo gerado exatamente assim, cada frase está sendo escrita enquanto essas experiências estão ganhando forma diante dos meus olhos. Nas próximas páginas quero falar sobre a mais nova etapa da minha jornada e sobre muitas coisas que estão sendo parte fundamental na construção de um novo nível de experiências com Deus. Espero que esta leitura te encoraje a experimentar coisas novas em Deus e a refletir sobre o cuidado d'Ele que nos envolve todo tempo, mesmo quando a gente não percebe ou reconhece isso.

OS DOIS LADOS DE UM CTI

Eu me lembro de uma visita que fiz ao hospital de Santa Cruz de la Sierra alguns anos atrás. Eu estava na ala infantil orando por algumas crianças e pedi que me levassem ao setor do CTI, onde ficavam os casos mais delicados. Alguns médicos brasileiros que conheci no hospital me disseram que era comum ver crianças com diagnósticos praticamente irreversíveis serem abandonadas pelas suas famílias. Existiam outros casos também em que a família não tinha condições de arcar com as medicações necessárias para o tratamento e preferiam deixar seus filhos ali do que vê-los sofrer, já que sua morte era uma questão de tempo. Fiquei muito chocado ao ouvir dos médicos que crianças estavam morrendo por falta de antibióticos que são encontrados facilmente em qualquer farmácia do Brasil.

Talvez algumas pessoas possam questionar que essa mesma realidade exista nos hospitais do Brasil. Infelizmente isso é uma verdade. Existem milhares de casos muito piores acontecendo aqui todos os dias e que são mais comuns do que você imagina. Antes de me tornar um pastor local, eu havia criado uma agência de missões chamada Fôlego, e era muito comum ouvir as pessoas questionarem por que ir tão longe se existem pessoas precisando tão perto. Aprendi com o tempo que normalmente quem faz esses questionamentos não se envolve com as mazelas de quem está longe, tanto quanto não se envolve em ajudar quem está perto. É como o comportamento medíocre de Judas questionando a essência que foi derramada sobre os pés de Jesus; ele achou absurdo algo tão valioso ser "desperdiçado". Na verdade, tempos depois ele venderia o Messias por um décimo daquele valor. Tive experiências em lugares diferentes, em cidades diferentes e servindo a projetos diferentes, e, em todos eles, uma certeza: para aquela pessoa que foi alcançada, fazia todo o sentido estarmos exatamente ali! Acabei compartilhando um pouco sobre a visão que alguns têm sobre missões, mas, na verdade, quero chamar sua atenção para outro ponto em especial.

Nessa viagem para a Bolívia, o propósito era fazer um mapeamento de alguns orfanatos e projetos que visitaríamos meses depois, durante o Natal. Meu primeiro desafio começou antes mesmo de chegar lá, quando pouco a pouco todos que participariam comigo dessa viagem tiveram imprevistos e precisaram cancelar, até que, por fim, só eu havia restado. Assim que cheguei ao hospital de Santa Cruz de la Sierra, senti Deus me impulsionando a procurar crianças que estavam precisando com urgência de medicamentos e que não tinham condições de comprar, e lá fui eu. Dentre as crianças que estavam no CTI, uma delas me marcou bastante. Era uma menina com cerca de seis anos de idade e que havia feito uma cirurgia de colostomia. Nesse tipo de cirurgia é necessário utilizar uma "bolsa externa" ao intestino, onde as fezes são descartadas. (Peço desculpas, mas não conseguiria transportar você para essa experiência te poupando alguns detalhes). Quando me aproximei dela, ela estava bem assustada e um pouco pálida, achei que fosse um menino no primeiro momento, porque seu cabelo estava muito baixinho. Perguntei ao médico quais eram as necessidades dela que a família não estava conseguindo suprir, e, para a minha surpresa, além de não ter os remédios para recuperação pós-cirúrgica, ela não tinha sequer as bolsas coletoras. Os médicos precisaram usar sacolas plásticas para suprir essa falta.

Peguei as receitas de medicamentos de algumas daquelas crianças, tantas quanto pude, e fui até uma farmácia que ficava próxima à Plaza de los Pozos (se não me engano era assim que se chamava). Coloquei as receitas no balcão e pedi para a atendente conferir quais medicamentos estavam disponíveis na farmácia. Mostrei todo o valor que eu tinha em dinheiro e pedi para ela priorizar os medicamentos que eram indicados para os quadros mais graves. Parecia um pouco confuso para ela, mas para mim estava muito claro. Queria comprar o máximo de medicamentos que pudesse, e o filtro de prioridade seria para aqueles remédios que manteriam as crianças com o quadro clínico mais delicado. Eu me senti angustiado em não poder comprar tudo o que aquelas receitas pediam, eu já era pai nessa época e era inevitável não pensar que poderia ser a minha filha naquela situação. Foi muito frustrante ter que escolher quais remédios comprar e quais eram mais necessários, na verdade todos eram.

Assim que deixei os remédios no hospital, compartilhei com alguns amigos do Brasil o que eu estava vivenciando lá e pedi ajuda para que pudessem enviar recursos para comprarmos mais medicamentos. No dia seguinte, fui até uma casa de câmbio, saquei o que haviam enviado para mim, voltei na mesma farmácia com as mesmas receitas e fiz o mesmo pedido do dia anterior: "Selecione por favor os medicamentos com maior prioridade". Depois do terceiro dia fazendo a mesma coisa, a atendente daquela farmácia olhou para mim e me perguntou o que me movia a fazer aquilo. Ela disse que percebeu desde o primeiro dia minha angústia em tentar comprar o máximo de medicamentos que pudesse, mesmo sabendo que isso não seria suficiente para suprir todas aquelas receitas. Ela me deu então a abertura para falar de Jesus que todo cristão deseja, sem que eu tivesse mencionado em momento algum assuntos como religião ou igreja. Respondi que o que me movia a fazer aquilo era o amor, mas ele não vem de mim, porque eu nunca teria aquele tipo de preocupação de forma espontânea. Nossa natureza por si só não revela isso, mas a natureza de Cristo em nós sim. "Nós amamos porque Ele nos amou primeiro" (1 João 4.19).

00:00:02

ARQVP /// 2
_HWHAP

/// CAP. 2

HOUSTON WE HAVE A PROBLEM

"O relacionamento com
Deus não promete o
livramento sobrenatural das
dificuldades, mas o uso
sobrenatural delas."
- Philip Yancey

Tenho tido experiências incríveis através das viagens que faço para ministrar em outras igrejas e cidades do Brasil. Sou apaixonado por falar sobre Jesus e o que Ele fez por nós, sobre o poder da Sua graça e sobre o despertar da nossa geração. Por mais que eu me doe por completo em cada ministração, volto sempre com a certeza de que recebi nos lugares que eu fui muito mais do que eu compartilhei. Estive em abril deste ano em uma conferência na cidade de Ribeirão Preto, e lá também não foi diferente, passei dois dias sendo muito renovado e inspirado por Deus. Eu soube, assim que recebi o convite, que seria muito especial o que viveria lá nesses dias. Em cada sessão que participei, Deus falava comigo de forma diferente através das ministrações, e tive a nítida certeza que estava ali por um propósito. Conheci pessoas incríveis, fiz novas conexões e alianças, revi alguns amigos e falei bastante sobre tudo o que estamos vivendo na nossa igreja também. Em uma das sessões da conferência, um grande amigo, que estava ministrando lá também, me abraçou e disse que tinha tido uma visão comigo. Ele me via num barco com Jesus, completamente isolado de tudo por três dias; era como se eu tivesse me desconectado para ter um tempo a sós com Ele. Assim que ele compartilhou comigo a visão que tinha tido, fiquei pensativo sobre como isso aconteceria, mas entendi que de alguma forma aquela visão se tornaria real. Confesso que a ideia de três dias no barco ficou ecoando em mim por algum tempo, mas eu ainda não tinha ideia do que estava por vir.

ALGUMAS SEMANAS DEPOIS

Era sábado e estávamos muito felizes com o que acabávamos de experimentar. Mais um encontro surreal com centenas de jovens reunidos, e dezenas se rendendo a Jesus, uma atmosfera de adoração incrível. Inclusive, tivemos um convidado especial nessa noite.

Estávamos jantando depois do culto e falando sobre inúmeras coisas, e, por mais que eu quisesse muito estar ali, meu corpo começou a dar sinais que não estava muito bem. Eu estava muito indisposto, minhas mãos e a planta dos meus pés estavam manchados com marcas como que de "sangue pisado", e comecei a ter muita febre e sentir calafrios no meio do restaurante (isso costuma ser um sinal de que alguma coisa em você não está bem). Naquela noite, tive febre alta e delirei um pouco também durante a madrugada.

No dia seguinte, acordei ainda bem indisposto. Eu estava à frente dos cultos naquele domingo e não aceitava a ideia de não cumprir aqueles compromissos. Tomei um antibiótico e alguns estimulantes para aguentar a jornada dos cultos da noite. Na verdade, eu não tinha ideia do que estava acontecendo dentro de mim. Os cultos fluíram demais e estava tudo correndo bem. No dia seguinte, viajei a Cabo Frio para mais um culto da nossa igreja, e, assim que terminou, lembro que eu estava completamente exausto, sentia meu corpo esgotado e minhas mãos pareciam queimar por dentro. Então me rendi e aceitei parar um pouco para fazer alguns exames.

Lembro que quando fiz os primeiros exames, uma das médicas que me atendeu estava extremamente preocupada com as manchas de sangue pisado nas minhas mãos e na planta dos meus pés. Ela é uma amiga de longa data da família e não mediu esforços para me ajudar. Existiam várias possibilidades de diagnóstico sendo cogitadas e ela então chamou uma infectologista, professora da Universidade Federal e muito respeitada nesse meio, para olhar o meu quadro. Assim que ela viu as manchas, não pensou duas vezes; solicitou um exame chamado hemocultura, que avalia os tipos de bactéria presentes no sangue e a sua real concentração. Depois ela retirou certa quantidade do meu sangue e pediu que levássemos com urgência para a FioCruz[1], pois receberiam minha amostra lá para fazer uma série de novos exames.

Eu não tinha ideia até aquele momento de qual era a suspeita dela, mas tinha a certeza de que não parecia ser nada bom. Chamei um amigo para ir comigo até lá e coloquei o isopor

---

[1] Fundação Oswaldo Cruz é uma instituição de pesquisa e desenvolvimento em ciências biológicas localizada no Rio de Janeiro, Brasil, considerada uma das principais instituições mundiais de pesquisa em saúde pública.

que estava com as minhas amostras de sangue no seu colo. De repente me vejo neste exato cenário: "Estou indo levar a minha amostra para uma das maiores fundações de pesquisa do mundo na área de Biologia e, do meu lado, dentro do isopor está o meu sangue. O que será que pode estar acontecendo dentro de mim?".

Para sintetizar bastante o que aconteceu nos dois dias seguintes, quero te levar para um momento em especial. Quarta à tarde, depois de ter passado por alguns médicos, fiz uma bateria de exames e descobri que o meu coração está tomado por uma colônia de bactérias e que todos esses sintomas eram uma reação do meu corpo a uma infecção que mudaria todos os meus planos. Tive o que os médicos chamam de endocardite e estava muito debilitado. Meu quadro não era nada bom e uma das válvulas do meu coração estava com vegetação (eu nem sabia que isso existia). Recebi então uma notícia que demorei um pouco para assimilar: precisava ser levado com urgência para o CTI e passar pelo menos seis semanas internado para ver como o meu coração iria reagir às medicações.

Cheguei em casa para buscar algumas roupas e alguns amigos começaram a chegar também; a notícia já estava se espalhando. Não tive dúvida alguma acerca do cuidado de Deus comigo em todo o tempo, mas confesso que não estava preparado para receber tanto apoio e cuidado de quem estava ao meu redor; isso me deixou mais sensível do que qualquer diagnóstico médico. No ministério somos exigidos a todo tempo e precisamos sempre estar prontos a ministrar, compartilhar e agir em favor do outro, mas eu estava desacostumado a receber. Agora era a minha vez de depender de cuidados.

Assim que cheguei no CTI, passei por vários procedimentos. Colocaram uma fralda em mim, e essa parecia ser a pior parte. Não sabia, na verdade, o que ainda estava por vir. Fizeram novos exames, conectaram alguns fios, além dos medicamentos e um cateter profundo na minha clavícula que não sentirei saudades. Colocaram um tubo de oxigenação, porque a minha saturação estava baixa, e então as luzes se apagaram. Meu leito estava entre dois pacientes em estado muito delicado de saúde, entubados e sob efeito de anestesia. Foi tudo tão repentino... Num dia eu estava pregando e compartilhando sonhos com as pessoas ao meu redor, no outro estava deitado numa cama de CTI. Eu estava tentando assimilar todas essas novidades até que então um pensamento roubou a cena: "Será que esse é o barco que meu amigo havia visto? Esse é o cumprimento da visão que ele teve?". Embora eu não tivesse convicção a respeito dessas coisas, eu tinha uma certeza: por mais que Jesus esteja comigo nesse barco, certamente não foi Ele que me trouxe para cá. Vou falar um pouco mais sobre isso nas próximas páginas.

DOENTE, GRAÇAS A DEUS?

Ouvi o relato de um pastor certa vez que achei genial. Ele estava conversando com um amigo que enfrentava um tratamento contra o câncer. Esse amigo estava dizendo que aceitava tudo o que estava acontecendo porque ele acreditava que Deus havia feito isso com ele para que o seu caráter fosse tratado. O pastor então perguntou se ele acreditava mesmo que aquela doença havia sido gerada por Deus com o propósito de transformá-lo, e ele afirmou que sim, acreditava nisso. O pastor fez mais uma pergunta: "Você está se tratando com regularidade? Tem feito todo o possível para combater essa doença?". O amigo respondeu sem pensar duas vezes: "Estou fazendo tudo o que está ao meu alcance para me livrar dessa doença". Então o pastor deu o ultimato: "Se você acredita que foi Deus quem gerou essa doença com um propósito, não acha que lutar contra ela seria ir de encontro à vontade de Deus?".

Aquele pastor usou uma pitada de ironia para fazer com que o seu amigo percebesse o quanto era absurdo a sua forma de pensar sobre os "métodos" que Deus usa para tratar o nosso caráter. Nenhum pai colocaria um câncer no seu filho ou outro tipo de enfermidade para lhe ensinar coisa alguma. Um pai, na verdade, daria a sua própria vida no lugar do seu filho. Por mais que essa analogia usada pelo pastor pareça completamente impensável, é exatamente assim que muitos acreditam que Deus trabalha.

Achei esse episódio poderoso porque revela um conceito errado a respeito da vontade ativa e permissiva de Deus. E como isso afeta grande parte da Igreja! Conhecer o caráter de Deus faz com que eu entenda como Ele se move. Só assim eu posso rejeitar aquilo que não vem d'Ele. Existem muitas pessoas celebrando desertos que Deus nunca as chamou para passar, assim como se encantando com portas abertas que nunca foram geradas por Ele. Como entender então o que nos cerca? Conhecendo melhor o coração de quem tem controle sobre tudo que está ao nosso redor.

SEM DESPERDÍCIOS

Brian Houston, fundador e pastor sênior da Igreja Hillsong, fala em seu livro *Viva, ame, lidere* sobre a dor e como lidar com ela. Ele passou por um momento decisivo na sua vida e, como todo momento de dor, surgiu de forma inesperada e sem mandar nenhum aviso. Por mais que tenhamos sempre as melhores expectativas a respeito do que o dia de amanhã nos reserva, somos surpreendidos de vez em quando. Em um dia normal de trabalho na Hillsong, um de seus pastores o chamou para conversar sobre um telefonema que eles haviam recebido. Por pior que ele pudesse imaginar, jamais estaria preparado para aquela notícia. Seu pai, que sempre foi o seu herói e referência durante toda a sua vida, estava sendo acusado de ter abusado de uma criança décadas atrás. Ele relata no seu livro como foi difícil passar por esse momento e lidar com a dor em meio a essa crise:

> Papai estava no exterior no momento de minha reunião com George, o que me deu tempo para reunir as ideias e buscar mais informações em preparação para a conversa mais difícil que já tive. Na terça-feira após sua volta, papai entrou em meu escritório para o que ele pensava ser uma reunião de rotina. Procurei ficar o mais calmo que pude e lhe descrevi o telefonema que recebêramos. Lembro que ele havia acabado de voltar do exterior e já parecia cansado. Mas quando ouviu minha declaração, ele pareceu envelhecer diante dos meus olhos. Como falar com seu pai, que também é o seu herói, sobre algo tão horrível? Houve uma longa e difícil pausa e, então, ele começou a falar. Sua boca

ficou completamente seca enquanto confessava que sim, a acusação que eu estava lhe retransmitindo era verdadeira. Como presidente de nossa denominação, era minha responsabilidade suspendê-lo do ministério e pedir suas credenciais. Acredito que ele tenha saído de meu escritório naquele dia sabendo que nunca mais pregaria de novo e nunca mais pregou.

O pastor Brian Houston cita esse dia como sendo "o pior dia da sua vida", e apresenta um panorama sobre onde Deus está em meio a isso tudo. Ele diz que não acredita que Deus leve alguém a sofrer, mas usa do sofrimento para cumprir Seus propósitos. Com o Senhor nada é desperdiçado (medite nessa verdade). Aprendi desde cedo na minha caminhada com Deus que nas áreas em que Ele me sarou, eu me torno agora uma ferramenta de cura. Existe uma autoridade diferente sobre você para ministrar em áreas que já foi tocado por Deus. Por isso é indispensável ministros sarados no altar, porque se suas feridas ainda estão abertas, você se torna um canal de contaminação, não de cura.

Da mesma forma, é necessário pais sarados à frente da criação dos seus filhos, esposos sarados à frente do sacerdócio da sua casa e cristãos sarados falando a respeito da Cruz. Uma Igreja experimentada é uma Igreja forte, o apóstolo Paulo que o diga. Enfrentou momentos de perseguição, adversidade, dor, angústia, privação e declarou que poderia passar por tudo isso, pois estava firmado naquele que o fortalecia.

> Sei o que é passar necessidade e sei o que é ter fartura. Aprendi o segredo de viver contente em toda e qualquer situação, seja bem alimentado, seja com fome, tendo muito, ou passando necessidade. Tudo posso naquele que me fortalece. (Filipenses 4.12-13)

Não devemos, no entanto, viver em busca de momentos de dor, acreditando que Deus tem prazer neles (Ele não tem), mas precisamos estar atentos quando eles chegarem, afinal, com o Senhor nada é desperdiçado. Sob essa perspectiva eu consigo olhar os desafios que me cercam como uma oportunidade de experimentar o agir sobrenatural de Deus de forma palpável. Se você já enfrentou crises no seu casamento e foi completamente restaurado por Deus, existem centenas de casais que precisam ser edificados com as experiências que você já viveu. Se você é pai e sentiu a alegria de ter um filho que era viciado em drogas ser restaurado por Deus, existem, neste exato momento, milhares de famílias desmoronando aos poucos com esse mesmo problema e podem ser saradas através da sua vida. Eu poderia citar inúmeros exemplos de experiências que você viveu que podem ser libertadoras para quem está passando pelo mesmo problema, mas vou me ater a dizer apenas o seguinte: o que você viveu pode ser o antídoto para a dor do outro, não desperdice isso!

> Sabemos que Deus age em todas as coisas para o bem daqueles que o amam, dos que foram chamados de acordo com o seu propósito. (Romanos 8.28)

MARCAS

Todos nós carregamos marcas. Os psicólogos dizem que somos o resultado das experiências que tivemos e do ambiente em que fomos gerados. Somos fruto do meio.

Todos nós, em qualquer etapa da nossa vida, passamos por experiências que mudaram nossa forma de pensar e até de agir. A grande questão é se as marcas que carregamos são lembranças ou feridas.

Lembro que quando era adolescente, meus pais estavam enfrentando uma crise financeira absurda. No intuito de sempre darem o melhor que podiam para nossa família, acabaram se endividando e aos poucos isso se tornou uma bola de neve. Meu pai se envolveu com agiotas para tentar de alguma forma amenizar as contas que estavam em aberto, e isso foi o início da nossa queda. Mesmo sendo jovem, eu acompanhava de perto toda essa crise e a angústia deles em tentar resolver sem causar muitos efeitos colaterais na nossa casa. Meu pai, por vezes se abatia e ficava prostrado, às vezes nem queria sair do quarto. Minha mãe então tomava à frente e negociava com as pessoas que estávamos devendo até que ele se recuperasse e voltasse ao ringue. Foram dias que nunca vão ser apagados da minha memória. Aos poucos fomos entregando tudo o que tínhamos; vendemos a casa onde eu nasci e fui criado, perdemos um apartamento, sítio, carros e inúmeras outras coisas... Meus pais estavam vendo a conquista de uma vida inteira de trabalho escorrendo pelas mãos. Foi um período muito humilhante também. Meus pais ouviram coisas que não precisavam, principalmente de pessoas próximas. Não éramos cristãos na época e não tínhamos esperança em nenhuma outra coisa senão no acaso. Anos depois, meus pais se converteram, eu e minha irmã também, e começou então o período da restauração de Deus sobre todas as áreas da nossa família. Eu tinha montado um escritório próximo à praia e, depois de um pouco de insistência, consegui convencer meu pai a transferir o escritório dele para lá também e começarmos uma empresa familiar. Nossa sociedade deu muito certo e foi a partir dali que comecei a me estruturar para casar com a Quezinha. Compramos nosso apartamento, financiamos nosso primeiro carro e começamos a sonhar mais alto.

Vivemos muitos momentos especiais trabalhando juntos. Em alguns períodos da nossa corretora, chegamos a trabalhar com várias pessoas da família ao mesmo tempo. Eu, meu pai, minha irmã Aline, Quezinha, minha mãe e meu primo Dudu. Em um dia normal de trabalho, fomos surpreendidos por uma cena impensável. O agiota que havia retirado grande parte do que minha família perdeu durante a crise entrou no nosso escritório (ele continuava sendo nosso cliente), sentou na mesa do meu pai, que ficava no final da sala, e disse: "Eu tenho inveja de você porque toda a sua família trabalha junto e eu não consigo ter a minha família unida nem dentro de casa". Aquele homem ficou constrangido em ver que o que ele desejava, o dinheiro que tinha não podia comprar.

Isso me faz lembrar de Jesus se apresentando aos Seus discípulos depois da ressurreição. Ele aparece para eles e apresenta as marcas da Sua crucificação. Se fossem feridas abertas, apontariam para um milagre incompleto, mas eram marcas de feridas que já haviam cicatrizado. Nossas feridas apontam para nossas fragilidades, nossas cicatrizes e marcas revelam o poder de Deus aperfeiçoado em nós. É como se elas falassem em nosso lugar: eu venci!

00:00:03

ARQVP /// 3
_TAB
STEREO

/// CAP. 3

TODOS A BORDO

"Você nunca saberá que Deus é tudo o que você precisa até que Ele seja tudo o que você tiver."

Tenho experimentado nestes dias um cuidado visível de Deus em cada detalhe, e Sua manifestação de forma palpável. A melhor forma para definir os frutos desses dias no barco com Ele é que minha mensagem tomou corpo, e as verdades que eu creio me mantiveram de pé! Aprendi que a pregação é isto, alguns minutos capazes de transformar morte em vida. Todas as vezes que vou pregar, não importa o lugar ou o número de pessoas que estão me ouvindo, seja num auditório lotado ou em uma reunião em casa; sou tomado por um temor santo. Não quero compartilhar nada que não esteja na "pauta de Deus" para aquele dia. Na verdade, eu só preciso me preocupar em não atrapalhar aquilo que Deus deseja fazer através de mim. A mensagem da Cruz foi suficiente para dividir a história da criação em duas partes e continua sendo suficiente para transformar a nossa história também.

Existem alguns momentos na nossa vida em que todas as nossas bases de segurança são retiradas, e são nesses momentos que fica muito clara a diferença entre otimistas, pessimistas, realistas e aqueles que creem. Entender essa verdade é fundamental, principalmente quando se trata de fé para ser curado. Por mais que para muitos possa parecer a mesma coisa, ser otimista e ter fé são coisas completamente diferentes. O maior ponto de divergência entre ambos é a sua base. O otimista tem como base as suas emoções, então ele acorda certo dia com bom humor, olha pela janela, vê que o céu está limpo, e tudo parece estar bem. Assim, dentro de si começa a se formar uma convicção: o dia hoje vai ser incrível! Ele começa a projetar coisas pautadas no seu estado de espírito e acredita (afinal, ele está bem otimista) que tudo vai dar certo. Por mais que pareça muito bom esse tipo de comportamento, ele é tão volúvel quanto o nosso humor. Se existe algo que não temos controle são as nossas emoções, elas podem mudar de uma hora para outra dependendo do que nos espera na próxima curva, e, por mais que o fruto do espírito nos dê domínio próprio, nosso humor não permanece inabalável sempre. Quando as bases das minhas convicções são as minhas emoções, é comum eu viver momentos de instabilidade constantemente. A vida é inconstante, mas você não precisa ser!

A nossa fé, por sua vez, permanece inabalável à medida que temos fundamentos fortes na Palavra. A base da nossa fé é construída com entendimento e revelação da Palavra de Deus, por isso é fundamental que nossa busca seja conhecer cada dia mais o caráter de Deus e a Sua vontade. Há uma diferença brutal entre acreditar que Deus pode fazer e tratar isso como sendo algo real. Não existe outra forma de termos a nossa fé aumentada senão por ouvir a Palavra de Deus. A fé não vem por imposição de mãos, por servirmos na igreja local ou por qualquer outro tipo de prática. Quanto mais eu ouço o que Ele me diz, mais forte se torna a minha fé.

NÍVEIS DE FÉ

Segundo os relatos que encontramos nos evangelhos, existem níveis diferentes de fé e isso está proporcionalmente ligado às experiências que temos com o poder sobrenatural de Deus. No episódio entre Jesus eo centurião, por exemplo, quando Ele Se oferece para ir ao encontro do servo que estava doente, é surpreendido com a fé daquele homem. O centurião declara que não seria necessário que Jesus fosse até lá, mas que apenas liberasse uma palavra e o seu servo seria curado. Aquele centurião tinha uma percepção clara a respeito de autoridade espiritual, assim como tinha também uma porção de fé fora do comum. Jesus, admirado com seu posicionamento, declara que nem em Israel havia encontrado alguém com tamanha fé. Durante uma tempestade, vemos Jesus repreendendo os ventos e o mar enquanto navegava juntamente com Seus discípulos. Ele também se admira com a fé que eles têm, mas, dessa vez, numa proporção inversa. Ele questiona: "Por que vocês estão com tanto medo, homens de pequena fé?".

Outro momento muito conhecido pela abordagem que Jesus faz sobre níveis de fé como sendo algo mensurável acontece assim que Ele desce do "monte da transfiguração" e reencontra a multidão. Um homem se aproxima d'Ele e pede ajuda, pois já havia levado o seu filho que estava endemoniado até aos discípulos, e eles nada puderam fazer. Jesus repreendeu o demônio que estava oprimindo o menino, e ele foi curado. Então os discípulos perguntaram a Ele por que não haviam conseguido libertar aquele menino, e Jesus respondeu: "Porque a fé que vocês têm é pequena. Eu lhes asseguro que se vocês tiverem fé do tamanho de um grão de mostarda, poderão dizer a este monte: 'Vá daqui para lá', e ele irá. Nada lhes será impossível" (Mateus 17.20). Fica muito claro que em todo o tempo que Jesus caminhou com Seus discípulos, Ele os incentivava a crer no poder da fé para experimentar as realidades disponíveis no Reino de Deus e, através disso, fazer as mesmas obras que Ele fazia. E, num momento futuro, obras ainda maiores.

Tão importante quanto termos fé é crermos corretamente. Muitas pessoas têm deixado de usufruir do poder que há em Jesus para curar porque simplesmente não sabem que já está disponível. Quero compartilhar com você o que a Palavra nos diz sobre isso. Um dos textos mais poderosos relacionados a esse tema está em Isaías 53, onde o profeta fala a respeito da Cruz e do sacrifício de Jesus em nosso lugar, e também sobre tudo aquilo que Ele levou sobre Si para que fôssemos completamente sarados e livres de toda enfermidade. Nossa cura e liberdade não estão disponíveis simplesmente porque Deus anulou nossa sentença e tudo aquilo que de fato merecíamos receber, mas porque Ele transferiu para o Seu próprio Filho essas realidades. Jesus, o Cordeiro de Deus, recebeu em nosso lugar todo jugo, peso, condenação, doença e enfermidade. Por isso, a Palavra declara que o castigo que estava sobre Ele nos trouxe a paz, e pelas Suas feridas nós fomos curados! Não é algo que pode vir a acontecer, é algo que já aconteceu. A tempestade do juízo já veio sobre Jesus naquela cruz e por conta do Seu sacrifício somos justificados e livres! Creia nisso, medite nessa verdade, declare isso até que não haja dúvida em seu coração e seja completamente curado!

Certamente ele tomou sobre si as nossas enfermidades e sobre si levou as nossas doenças; contudo nós o consideramos castigado por Deus, por Deus atingido e afligido. Mas ele foi transpassado por causa das nossas transgressões, foi esmagado por causa de nossas iniquidades; o castigo que nos trouxe paz estava sobre ele, e pelas suas feridas fomos curados. (Isaías 53.4-5)

CRENDO SEM DUVIDAR

Tive uma experiência no ano passado que me edificou muito em relação a essa questão de crer e não ter dúvidas. Organizamos uma conferência na igreja de que fazíamos parte e recebemos alguns pastores que eram aliançados com aquele ministério, e eu estava dirigindo um desses cultos. O pastor que ministrava naquela noite fez um apelo para que todas as pessoas que tinham qualquer tipo de enfermidade e criam que Jesus poderia curá-las viessem à frente sem hesitar. Algumas pessoas começaram a se levantar e ir à frente, enquanto ele continuava fazendo o convite: "Se você crê que Jesus pode curá-lo, venha aqui, e eu quero orar por você". Depois que aquelas pessoas estavam diante do palco, ele pediu que fechassem os olhos e não dissessem mais nada; e começou então a orar por elas e os milagres de cura foram sendo liberados diante dos nossos olhos. Assim que o culto terminou, levei o pastor para jantar e comentei que achei curioso o fato dele pedir para que aquelas pessoas que tinham ido à frente não dissessem mais nada, apenas fechassem seus olhos enquanto ele orava, e perguntei qual era o propósito. Ele então respondeu que é muito comum pessoas terem atitudes de fé e darem os primeiros passos em busca de serem curadas e, momentos depois, começarem a ser bombardeadas pela sua mente para desacreditar que aquilo pode realmente acontecer. "Prefiro uma atitude de fé do que uma confissão de dúvida", disse ele.

> Eu lhes asseguro que se alguém disser a este monte: "Levante-se e atire-se no mar", e não duvidar em seu coração, mas crer que acontecerá o que diz, assim lhe será feito. (Marcos 11.23)

Muitos têm abraçado a descrença em relação ao poder sobrenatural do Evangelho por um motivo simples: a baixa expectativa em relação a isso deixa você mais confortável porque não exige que você assuma riscos. Outra característica que nos deixa confortáveis quando temos baixas expectativas é que elas sempre são supridas, ou seja, você sempre espera pouco e sempre recebe pouco, e isso dá a falsa impressão de que está no caminho certo. O problema é que quando eu assumo uma postura medíocre em relação a minha fé para experimentar milagres, minhas experiências com Deus nessa área se tornam medíocres também. Com o passar do tempo, eu vou me acostumando em não experimentar essas manifestações de poder, e isso consolida cada vez mais a minha crença de que o sobrenatural é algo inacessível. Esse posicionamento pode deixar você mais confortável, mas nunca vai gerar os milagres que você precisa.

Eu agia assim no início da minha conversão em relação ao batismo com o Espírito Santo. Eu cri desde o início que era uma manifestação genuína e que estava disponível, mas não acreditava que o "falar em línguas" era algo acessível para todos. Interessante que quando não queremos nos expor a assumir riscos, preferimos buscar na lógica as justificativas para a nossa falta de experiências. Tudo isso mudou quando fui batizado com o Espírito Santo num encontro de jovens, enquanto pregava na garagem da minha casa. Se existia alguma dúvida, elas foram lançadas por terra quando eu experimentei algo que durante muito tempo lutei para acreditar que não era real, ou pelo menos não para mim.

TODOS PRECISAM, NEM TODOS CREEM

Talvez você já tenha se perguntado por que existem tantas pessoas que estão dentro das igrejas há muito tempo e não conseguem usufruir de tudo aquilo que a Palavra diz que é possível. Isso acontece porque o sobrenatural não se move pelas nossas necessidades, mas pela nossa fé. Por isso alguém pode necessitar de algo que está disponível desde o princípio e nunca usufruir disso. Se você não crer, é basicamente como se aquilo não existisse. A fé se fundamenta em tratar as coisas que não são como se já fossem, ou seja, quando eu creio que a minha cura já é algo real, isso se torna uma realidade em fé.

Quando recebi o meu diagnóstico e a notícia do estado em que o meu coração estava, fiquei surpreso. Os médicos me disseram que, se uma parte da colônia de bactérias se soltasse, poderia causar um AVC (acidente vascular cerebral), trombose ou outro tipo de complicação. Outro ponto sensível no meu caso era a válvula onde a bactéria se alojou. Dependendo do dano que ela tivesse sofrido, seria necessário uma cirurgia para substituí-la. Por isso o meu quadro exigia tantos cuidados. Um dos cardiologistas que me acompanhou sugeriu que depois do tratamento eu estudasse um pouco as características do meu diagnóstico para ter uma ideia geral de todos os livramentos que eu tive. Por mais que o meu quadro fosse delicado, no meu espírito em todo tempo houve apenas uma certeza: eu já estou curado.

Quero encorajá-lo a fazer agora uma oração específica sobre cura. Compartilhe também com outras pessoas que estejam enfrentando um momento difícil e precisem de um milagre:

Eu creio que há poder no sangue de Jesus para me curar completamente de todas as doenças e enfermidades agora, e declaro a minha cura! Eu reconheço o Seu sacrifício na cruz do Calvário e creio que foi suficiente para me tornar livre. Nenhuma dúvida ou pensamento contrário ao que a Sua Palavra diz vai tirar de mim a confiança de que esse milagre já é real! Obrigado por me amar quando nada ao meu redor existia. Obrigado por se entregar no meu lugar e me dar uma nova vida. Obrigado por transformar meu choro em alegria e me dar acesso à vida eterna. Obrigado por me encher com o Seu Espírito Santo e preencher todo o meu vazio. Em nome de Jesus. Amém!

00:00:04

ARQVP /// 4
_FVQFI

ANDRÉ
FERNANDES.

/// CAP. 4

FOI VOCÊ QUE FEZ ISSO?

"Nada é igual ao Seu redor
Tudo se faz no Seu olhar
Todo o universo se formou no Seu falar
Teologia para explicar ou Big Bang para disfarçar
Pode alguém até duvidar
Sei que há um Deus a me guardar
E eu tão pequeno e frágil querendo Sua atenção
No silêncio encontro a resposta certa então
Dono de toda ciência, sabedoria e poder
Oh, dá-me de beber da água da fonte da vida
Antes que o haja houvesse
Ele já era Deus
Se revelou aos Seus do crente ao ateu
Ninguém explica Deus."
[Clóvis Pinho]

É muito comum vermos pessoas em crise quando as circunstâncias ao seu redor não são favoráveis. Mesmo tendo uma vida marcada por fé, em momentos de perda ou de adversidades surgem questionamentos de todos os tipos. Os mais comuns são: "Por que eu?"; "Por que na minha casa?"; "O que eu fiz para merecer isso?". Em meio aos desafios que enfrentamos, muitos se agarram ao seu "currículo cristão" como se o nosso histórico com Deus nos poupasse de passar por momentos difíceis. Jesus nunca prometeu nos poupar dos desafios, mas sempre se revela em meio a eles.

Como explicar para uma família cristã a perda de um filho? Como explicar para uma família qualquer a dádiva de poder gerar um filho? Como explicar coisas que excedem nosso entendimento? Na tentativa de ter respostas para todas essas perguntas, muitos têm buscado na lógica algo que é tão subjetivo quanto a própria vida, a sabedoria de Deus. Só nos resta uma certeza em meio a tantas perguntas: ninguém explica Deus.

FOI DEUS QUEM MANDOU?

Tenho recebido inúmeras visitas neste período de internação, mas uma delas foi um pouco inusitada. Um jovem entrou no quarto e começou a me dizer o quanto ele estava triste com a minha situação e com o meu estado de saúde. Ele disse que em suas orações tem "questionado" a Deus por que eu estou passando por isso se sou um homem bom e me dedico à Sua obra e à pregação do Evangelho. Apesar de entender que ele estava um pouco confuso em me ver nessa situação, fiquei pensativo enquanto ele compartilhava comigo as suas inquietações e questionamentos, tentando entender o seu ponto de vista. Cheguei à seguinte conclusão: a vontade ativa e permissiva de Deus é um dos grandes pontos cegos da fé de grande parte da Igreja. Como discernir quando Deus faz e quando Ele permite?

"NINGUÉM EXPLICA DEUS"

Não tenho a menor pretensão de estabelecer uma doutrina a respeito da vontade ativa e permissiva de Deus; na verdade, não pretendo nem ao menos apresentar respostas, mas propor algumas reflexões. No evangelho de Mateus, no capítulo 14, lemos o relato de uma tempestade que marcou a história dos discípulos. Eles haviam acabado de participar do milagre da multiplicação de pães e peixes e haviam alimentado uma multidão com cerca de cinco mil homens, sem contar mulheres e crianças. Imagino o quanto eles estavam eufóricos em ver aqueles sinais se manifestando diante dos seus olhos.

Existe um detalhe importante nessa passagem que muitas vezes passa despercebido. Jesus insistiu com os discípulos para que eles entrassem no barco e fossem antes d'Ele. Em seguida, eles enfrentaram uma tempestade que marcou sua história. Será que Jesus insistiu para eles irem na frente porque desejava que fossem experimentados em meio àquela tempestade? Será que Jesus forçou os discípulos a entrarem naquele barco porque já sabia que uma tempestade os atingiria e queria revelar o Seu poder em meio a ela? Esse seria então um exemplo claro do próprio Deus de forma ativa arrastando Seus discípulos para um momento de crise para Se revelar em meio a ela.

> Logo em seguida, Jesus insistiu com os discípulos para que entrassem no barco e fossem adiante dele para o outro lado, enquanto ele despedia a multidão. Tendo despedido a multidão, subiu sozinho a um monte para orar. Ao anoitecer, ele estava ali sozinho, mas o barco já estava a considerável distância da terra, fustigado pelas ondas, porque o vento soprava contra ele. Alta madrugada, Jesus dirigiu-se a eles, andando sobre o mar. (Mateus 14.22-25)

Confesso que acho sem sentido Jesus nos colocar de forma intencional em crises que Ele mesmo vai nos livrar depois; seria diminuir demais o poder redentor de Jesus a alguém querendo apenas nos impressionar com Seu poder sobrenatural. Seria como imaginar um bombeiro que, depois de atear fogo em uma casa, apaga todo o incêndio só para mostrar o quanto é bom e confiável. Não, eu não acredito que Jesus gere doenças, crises ou tragédias para atrair ou transformar pessoas. Isso iria de encontro ao Seu caráter. O que acredito, como falei alguns capítulos atrás, é que Ele não desperdiça nenhuma das nossas experiências.

Quero te convidar a olhar essa mesma passagem por uma perspectiva diferente, lembrando que são apenas reflexões. Acredito que a insistência de Jesus para que os discípulos fossem antes d'Ele tem a ver apenas com uma coisa: Ele queria ter tempo a sós com o Pai. Jesus havia ministrado para milhares de pessoas sedentas, e, enquanto os discípulos embarcavam para atravessar para o outro lado, Jesus ainda permaneceu ali despedindo a multidão. Assim que Ele dispersou a multidão, subiu ao monte para orar. Depois de um dia inteiro ministrando para milhares de pessoas, imagino que tudo o que Ele desejava era se recolher (como de costume). E a tempestade? Ah, sim, a tempestade. Ela apareceu no meio do caminho, como as tempestades que enfrentamos quando menos esperamos. Mas assim que os ventos fortes começaram a castigar o barco, lá vem Jesus caminhando sobre as águas e gritando para que todos pudessem ouvir: "Coragem! Sou Eu. Não tenham medo!".

Vamos ser bem sinceros. Existem muitas "tempestades" que enfrentamos que são fruto de escolhas erradas que fizemos. É como tomar um banho quente, dormir sem camisa no sereno e com meias molhadas nos pés. Seria uma ignorância acreditar que é um propósito de Deus nesse caso que eu tenha uma pneumonia, quando fui eu que fiz todo o possível para que isso acontecesse. Ele não vai interferir em nossas escolhas, porque isso anularia nosso livre-arbítrio. São nossas escolhas, na verdade, que vão determinar nosso destino.

TEMPESTADE EM COPO D'ÁGUA?

Neste capítulo refletimos um pouco sobre "tempestades" que enfrentamos e se, de fato, Deus permite ou até mesmo nos empurra para algumas delas. Falamos também sobre "tempestades" que nós mesmos criamos através de escolhas erradas que fazemos, e eu não poderia deixar de falar sobre tempestades em copo d'água. Existem momentos que encaramos como sendo momentos de crise que podem ser apenas um desafio comum. A perspectiva com que olhamos para eles faz com que pareçam muito piores do que de fato são. Aprendi com um pastor que eu admiro muito que existem etapas que Deus chama de processo e muitas pessoas veem como problema. Talvez por estarem mal-acostumados com uma atmosfera extremamente favorável, por vezes perdem a noção do que realmente é uma tempestade. O escritor Philip Yancey comenta em um de seus livros sobre as igrejas perseguidas na Ásia, e como elas encaram esse desafio. Alguns problemas que enfrentamos perdem totalmente o sentido quando somos constrangidos com realidades como esta:

> Tenho um amigo que voltou recentemente de uma visita a países asiáticos onde cristãos sofrem perseguição. Os cristãos na Malásia disseram a ele: "Somos muito abençoados, porque na Indonésia eles estão matando os cristãos, mas aqui só temos que suportar discriminação e restrições às nossas atividades". Na Indonésia, onde os cristãos realmente estão morrendo por causa de sua fé, eles disseram:

"Somos muito abençoados, porque na Malásia eles não podem publicar o Evangelho livremente, mas aqui ainda podemos...". [...] Quando as dificuldades surgem, os cristãos em países ricos tendem a orar: "Senhor, afasta esta provação de nós!". Em vez disso, tenho ouvido cristãos perseguidos, e alguns que vivem em países muito pobres, orarando: "Senhor, dá-nos força para suportar esta provação".

Depois que minha família passou pelo processo da falência, tivemos que nos adaptar de várias formas. Foi muito difícil enfrentar tudo isso porque você é bombardeado por todos os lados. Seu emocional fica abalado, sua autoestima e humor estão zerados e ainda tem que lidar com a humilhação de retroceder em tudo que você demorou anos para conquistar. Não tenho ideia do que passou pela cabeça dos meus pais enquanto viam tudo desmoronar, mas tenho certeza que ninguém está preparado para isso. Quando vendemos nossa casa, precisamos nos mudar para um apartamento em uma cidade vizinha. Minha mãe foi a parte mais afetada nessa mudança. Talvez por estar tão apegada aos cuidados com a casa e ter se envolvido em cada detalhe e reforma durante os últimos dezessete anos naquele lugar. Lembro que isso a deixou muito abatida, era comum esse assunto ser cercado de choro e nossa preocupação era que isso desencadeasse uma depressão. Sempre que tocávamos nesse assunto, seus olhos se enchiam de lágrimas.

Uma chave virou na vida dela depois de um testemunho. Meus pais estavam conversando com um casal de amigos no final de um culto, e o casal fez a seguinte pergunta: "Vocês já conhecem o nosso testemunho?". Meus pais não tinham ideia do que ouviriam a seguir. Aquele casal havia perdido seus dois filhos num curto espaço de tempo. Ambos tiveram uma morte súbita antes de completarem trinta anos. Depois dessa perda, eles poderiam ter se prostrado e desistido de tudo, ou recomeçar e escrever uma nova história. Foi exatamente o que eles fizeram, adotaram uma criança e reconstruíram sua família a partir dos escombros.

Naquela noite, minha mãe ficou meditando sobre o que havia perdido e o que ainda estava ao seu alcance. Meu pai, eu e minha irmã continuávamos lá, ao lado dela, e isso era tudo o que ela precisava. Secou as lágrimas, deixou para trás o que passou e deu espaço para o novo de Deus entrar em cena. Quando somos confrontados ou constrangidos com problemas "maiores" que os nossos, passamos a dar real valor a tudo que temos e menos valor ao que estamos enfrentando. Percebo que muitas vezes a medida com que encaramos os nossos problemas está descompensada. Talvez isso seja um alerta de que estamos passando tempo demais ocupados só com nós mesmos. Existe vida além do nosso umbigo.

/// CAP. 5

QUARTO 210

"O que me limita não são as paredes ao meu redor, mas as paredes dentro de mim."

210 é o número do meu quarto no hospital. Tenho passado semanas aqui enquanto a vida segue lá fora. Decidi que esses dias não seriam dias desperdiçados e que coisas incríveis aconteceriam aqui dentro também. Entendi desde o início da minha internação que dependendo da forma como eu tratasse esse período aqui, 210 poderia ser o número de uma cela, um cativeiro ou qualquer outra coisa. Decidi que seria o número do meu lugar secreto.

Alguns dias atrás, fui surpreendido por uma visita. Já era noite e eu estava deitado quando entrou no meu quarto um pastor que é amigo da minha família. Conversamos um pouco sobre o meu estado de saúde e os livramentos que Deus me deu, e não demorou muito para que ele começasse a se abrir e compartilhar o que estava vivendo. Depois de algum tempo de conversa, ele estava em prantos falando sobre como sentia falta de ter experiências genuínas com Deus e que não sabia o porquê de estar me falando essas coisas, mas via em mim alguém que poderia ajudá-lo. Ali estava eu, deitado num leito de hospital. Aos olhos dos enfermeiros de plantão naquela noite, apenas o paciente do quarto 210. Aos olhos de Deus, um instrumento vivo pronto para ser usado.

Alguns anos atrás, algo extraordinário aconteceu em uma penitenciária da África do Sul. Ela era conhecida por ter índices muito altos de violência entre os detentos, até que uma mulher chamada Joana foi convidada para iniciar um programa de controle de raiva e domínio próprio. Ela usou como base para o seu programa o amor e disseminou entre eles esse princípio. Aos poucos, a realidade dentro daquele lugar começou a ser transformada até chegar ao ponto de ser uma das penitenciárias com menor índice de violência do país. Quando perguntaram a ela sobre como conseguiu alcançar esse resultado, ela respondeu: "Deus já estava presente ali, só precisei torná-lO visível". A onipresença de Deus nos garante que Ele está em todos os lugares, mas isso não significa que Ele Se manifeste em todos os lugares. Uma das formas mais simples disso acontecer é quando deixamos Ele Se revelar através de nós.

Um médico amigo ficou surpreso em ver como eu estou bem mesmo depois de tantos dias no mesmo espaço, sem poder sair do quarto. Eu comecei a descrever para ele o quanto estava feliz ali com algumas mudanças que consegui fazer. Transformei a mesinha de canto em uma biblioteca, mudamos o sofá de lugar, amarramos a cortina para deixar o sol entrar o dia todo, além de algumas outras coisas. O ambiente em que estamos reflete como está o nosso interior também, e não me refiro só ao ambiente físico, mas à atmosfera onde você está. Um quarto de hospital pode ser um lugar extremamente agradável se for cercado de gratidão e alegria, assim como uma cobertura de frente para a praia pode ser uma prisão dependendo de quem está nela. Vou usar uma citação bastante conhecida, mas que não deixa de ser uma grande verdade: "Jesus se manteve firme em meio a um deserto, enquanto Adão pecou no paraíso". O ambiente em que estavam foi mero cenário de fundo, o que determinou a história, na verdade, foi aquilo que os movia.

DORMINDO EM PAZ

Eu creio que as realidades dentro de mim transformam as realidades ao meu redor. Jesus fala a todo tempo com os discípulos acerca de uma nova realidade interior, que não tem nada a ver com o que os nossos olhos veem. Sou apaixonado por uma passagem que fala de um momento marcante entre Jesus e os Seus discípulos. Jesus dormia em paz enquanto navegavam; os ventos entorno deles, por sua vez, estavam cada vez mais fortes até que veio sobre eles um forte vendaval. O barco em que estavam começou a inundar e os discípulos então se desesperaram e foram acordar o Mestre. Acho interessante o fato de mesmo em meio a um vendaval e um barco cheio de água, Jesus continuar dormindo tranquilo. Muitas vezes, quando eu lia esse texto, me chamava a atenção a autoridade de Jesus em acalmar a tempestade e o mar com o poder da Sua palavra. Mas existe algo tão poderoso quanto acalmar uma tempestade que é ter paz a ponto de dormir em meio a ela. Os discípulos se impressionaram ao ver Jesus dando ordens ao mar e aos ventos, mas talvez tenha passado despercebido aos seus olhos que as realidades ao redor de Jesus simplesmente se submetiam às realidades que existiam dentro d'Ele.

Duas coisas mantinham Jesus seguro em meio àquela tempestade. Havia n'Ele a paz que excede todo entendimento, e quando isso foi externado, houve paz também. E havia n'Ele convicção a respeito da promessa. Jesus sabia exatamente quem era e o que havia sido prometido pelo Pai a Seu respeito. Ele sabia o que as Escrituras e os profetas declararam sobre Si. O Cordeiro de Deus que viria para tirar o pecado do mundo seria feito maldito num madeiro. Ele sabia o que o aguardava, havia um caminho de cruz pela frente, portanto seria impossível Ele morrer naquele momento porque o Pai já havia Lhe revelado o Seu propósito, e isso era suficiente. O que aprendo com isso é que a convicção a respeito das promessas de Deus para mim me faz ter paz em meio às tempestades. Quando eu sei o que Ele me prometeu e o que me espera, não fico ansioso diante dos desafios; eles não vêm para me parar, são apenas parte da minha jornada.

Enquanto navegavam, ele adormeceu. Abateu-se sobre o lago um forte vendaval, de modo que o barco estava sendo inundado, e eles corriam grande perigo. Os discípulos foram acordá-lo, clamando: "Mestre, Mestre, vamos morrer!". Ele se levantou e repreendeu o vento e a violência das águas; tudo se acalmou e ficou tranquilo. "Onde está a sua fé?", perguntou ele aos seus discípulos. Amedrontados e admirados, eles perguntaram uns aos outros: "Quem é este que até aos ventos e às águas dá ordens, e eles lhe obedecem?". (Lucas 8.23-25)

DE DENTRO PARA FORA

A multidão ajuntou-se contra Paulo e Silas, e os magistrados ordenaram que se lhes tirassem as roupas e fossem açoitados. Depois de serem severamente açoitados, foram lançados na prisão. O carcereiro recebeu instrução para vigiá-los com cuidado. Tendo recebido tais ordens, ele os lançou no cárcere interior e lhes prendeu os pés no tronco. Por volta da meia--noite, Paulo e Silas estavam orando e cantando hinos a Deus; os outros presos os ouviam. De repente, houve um terremoto tão violento que os alicerces da prisão foram abalados. Imediatamente todas as

portas se abriram, e as correntes de todos se soltaram.
(Atos 16.22-26)

Outro momento incrível na História da Igreja aconteceu quando Paulo e Silas foram presos. Depois de sofrerem açoites, foram lançados em uma cela extremamente fortificada, no interior da prisão. Seus pés foram presos num tronco e estavam sendo vigiados de perto. Eles começaram a orar e a louvar, e então algo inesperado aconteceu (pelo menos para os presos das celas ao lado). Um terremoto abalou os alicerces daquele lugar e as portas e correntes não os prendiam mais. Eu não poderia deixar de chamar sua atenção para o fato de Paulo e Silas estarem louvando em meio ao cativeiro; acredito que essa é uma chave que revela o que aconteceu momentos depois. Louvor é uma expressão genuína de liberdade; por mais que estejamos tristes em alguns momentos ou até angustiados, nosso louvor é uma linguagem com a qual declaramos que somos livres. Aos olhos de todos que estavam próximos de Paulo e Silas, eles eram dois homens cativos, mas havia algo neles que era poderoso: o seu interior era livre! Quando eles externaram aquilo que era uma realidade dentro deles, a liberdade destruiu tudo que os acorrentava.

Este é um dos grandes paradoxos do Reino de Deus; alguém que está cativo agora não só experimenta liberdade como compartilha isso com quem está perto. Todos que estavam cativos junto com Paulo e Silas foram libertos juntamente com eles também. É assim que o poder de Deus se revela através de nós. Não se limita a nós mesmos, porque se fosse assim seríamos o centro. Mas, na verdade, passa por nós, nos tornando simplesmente canais pelos quais Ele flui. Aqueles homens podem ter seguido a sua vida sem experimentar nenhuma mudança de atitude. Podem ter voltado a cometer os mesmos erros e a se envolver com as mesmas coisas que um dia os tornaram cativos. Mas uma coisa se tornou inegável para eles a partir daquele encontro. A liberdade estava disponível.

Conheço muitas famílias que sofrem na expectativa de que seus filhos ou pessoas próximas se rendam a Jesus também. Isso se torna muito mais leve quando eu entendo que tudo o que eu posso fazer é manifestar dentro da minha casa a liberdade que eu declaro que há n'Ele. Quando isso acontece, aqueles que estão perto de mim têm a real possibilidade de ter um encontro palpável com um Deus, até então, invisível. Mas o que eles vão fazer com isso não está mais ao meu alcance.

O QUE EU PRECISO FAZER?

Outro momento surreal acontece quando o carcereiro pergunta para Paulo: "O que eu preciso fazer para ser salvo?" (Atos 16.27-33). Aquele que antes os tornava cativos agora pergunta a eles como poderia se tornar livre também. Tanto ele como toda a sua casa foi alcançada naquela mesma noite e todos foram batizados. Isso demonstra como é irresistível quando nossa mensagem toma forma e ganha vida mesmo sem que usemos uma palavra sequer para que isso aconteça. Paulo e Silas poderiam falar a respeito da liberdade que existe em Cristo Jesus para aquele carcereiro durante horas antes desse acontecimento e talvez nada aconteceria. Mas quando a mensagem que eles carregavam dentro de si se tornou real, aquele homem passou a dar ouvidos ao que eles tinham para falar. Nossa mensagem sempre será melhor aceita quando revelamos o caminho antes de, simplesmente, apontar para ele.

LIBERDADE NÃO É FUGA!

Quando amanheceu, os magistrados mandaram os seus soldados ao carcereiro com esta ordem: "Solte estes homens". O carcereiro disse a Paulo: "Os magistrados deram ordens para que você e Silas sejam libertados. Agora podem sair. Vão em paz". (Atos 16.35-36)

Depois que as celas foram abertas e as correntes não prendiam mais Paulo e Silas, eles não saíram simplesmente andando e foram embora como se nada tivesse acontecido. Ainda existia sobre eles uma sentença. Eles aguardaram até que chegasse no dia seguinte a ordem para que fossem de fato libertados. Meditei um pouco sobre esse posicionamento deles, em permanecer mesmo depois das cadeias terem sido destruídas, e entendi que esse comportamento estava ligado a um princípio básico: liberdade não é fuga.

Eles poderiam se contentar com uma liberdade parcial, mas carregariam consigo a vergonha de serem fugitivos. Quando aqueles que os prenderam declararam que estavam livres, eles tiveram então o reconhecimento que nada mais os tornava cativos. Não podemos confundir essas duas realidades. Existe um abismo gigante entre ser livre e fugir. Quando entrei neste quarto de hospital pela primeira vez, decidi que não fugiria da realidade que estava diante dos meus olhos, fingindo que nada estava acontecendo, mas também não me tornaria cativo a ela. Sobre mim, uma sentença já foi liberada: "Onde está o Espírito do Senhor, ali há liberdade" (2 Coríntios 3.17).

00:00:06

ARQVP /// 6
_SOBDM

/// CAP. 6

SÓ O BARULHO DO MAR

"Tua voz me chama sobre as águas
Onde meus pés podem falhar
E ali Te encontro no mistério
Em meio ao mar, confiarei"
(Hillsong United)

Não gosto muito de praias quando elas estão lotadas, apesar de gostar muito da atmosfera que gira em torno de uma praia deserta, da textura que a areia tem – e de como os nossos pés afundam à medida que andamos nela – do cheiro do mar e do vento que sopra forte na orla. Sou na verdade apaixonado pelo mar! Sempre me chamou muito a atenção tudo ligado a ele. As cores, as histórias, os barcos, a vida que existe dentro dele e tudo que esteja relacionado a isso. Talvez seja por ter sido criado numa cidade cercada de praias e lugares perfeitos para mergulho; minha cidade natal foi construída sob as bases de pesca e cultura das salinas, onde o sal marinho é produzido.

Já mergulhei várias vezes sem cilindro, o que chamamos de apneia, embora não seja nenhum profissional nesse tipo de esporte. Pesquei com arpão algumas vezes, ou pelo menos tentei. Eu me esforcei para aprender a surfar, mas não passou de duas ou três tentativas, ficando bem claro que eu não tenho muita afinidade com as pranchas. Talvez eu não tenha me esforçado tanto para aprender, admito! Participei também de algumas edições de um programa de treinamento dos bombeiros para crianças e jovens que aconteciam sempre durante as férias da escola. Chegávamos cedo todos os dias e fazíamos simulações de resgate, primeiros socorros e coisas do tipo. Não me lembro de muita coisa além de como evitar queimaduras com água-viva, urinando sobre as partes do corpo que tivessem sido "queimadas", ou como gritar por socorro se avistasse alguém se afogando.

Apesar de ter algumas tentativas frustradas em me tornar um mestre dos mares (não mencionei as frustrações que tive tentando pescar também, mas essas ficam para um próximo livro), decidi comprar um caiaque durante o verão de 2014 e acredito que foi um dos melhores investimentos que eu fiz naquele ano! Criei uma certa rotina pela manhã, principalmente nos finais de semana. Eu acordava cedo, colocava o caiaque em cima do carro, ligava o rádio e ia para Búzios remar nas águas da Praia da Ferradurinha ou, então, para Arraial do Cabo, nas águas transparentes da Prainha. Se você não conhece esses lugares, pare alguns minutos para fazer uma pesquisa rápida no Google e vai entender muito melhor o que eu estou falando.

É indescritível a sensação de liberdade e de vitalidade quando você está dentro do mar. Uma das coisas que eu mais gostava de fazer era ficar imóvel depois de chegar em algum ponto que tivesse uma vista nítida do fundo e sentir a brisa suave, carregada com o cheiro da maresia. Só de me lembrar disso, consigo quase que me transportar para aqueles dias. Como eles fizeram bem para mim!

Agora eu quero convidá-lo a imaginar um mar calmo e você sendo levado de forma suave pelo vento para onde ele quiser soprar. O barulho das ondas se formando debaixo de você e alguns cardumes passando bem debaixo do seu barco enquanto você flutua a despeito de qualquer coisa que tenha deixado em terra. O tempo passa num ritmo diferente quando estamos lá; as coisas fúteis perdem o sentido e tudo o que pensamos ganha um ar nostálgico. Literalmente, enquanto escrevo este capítulo, sou interrompido a todo tempo por enfermeiros que entram no quarto para medir a saturação do meu sangue, a glicose, a pressão arterial, ou colocar mais antibióticos e soro na minha veia. Talvez pareça completamente paradoxal a comparação com aqueles dias em que eu estava completamente relaxado, flutuando sobre o mar. Mas existe algo que conecta esses dias que tenho passado aqui, numa cama de hospital, com aqueles momentos dentro do meu caiaque. Desconectado de tudo, agora é como se fôssemos só nós dois novamente e o barulho do mar.

SOM DO CÉU

Tenho certeza de que estes capítulos que tenho escrito sobre os "três dias no barco com Jesus" serão um instrumento para edificar a fé de muitos acerca do poder de Deus para gerar milagres. Para outros, vai ser um canal de renovo a respeito de como lidar com as circunstâncias adversas que mudam todos os nossos planos sem pedir licença. Compartilhei nos capítulos anteriores sobre como o caráter de Deus se revela diante das doenças e enfermidades; falei um pouco também sobre o poder da fé para mudar as circunstâncias, e não poderia deixar de falar sobre uma das coisas que experimentei nesses "dias no barco" e que tem sido determinantes nos últimos anos do meu ministério. Quero chamar a sua atenção para o poder que existe no secreto e a importância de cessarmos os ruídos ao nosso redor para entender o que Deus está falando conosco.

Algum tempo atrás, eu vivi algo que foi inesperado, mas que com certeza virou uma chave dentro de mim. Nós alugamos uma casa no início do ministério de jovens o qual eu liderava e a chamamos carinhosamente de "Casarão do Next". Ela era uma casa pastoral para os jovens da igreja, e funcionava como local de encontro, espaço de comunhão onde os jovens se reuniam para orar, passar tempo juntos, assistir a jogos de futebol, fazer festas surpresas ou churrascos aleatórios, enfim. Era um dia comum no meio da semana e eu estava na minha sala organizando algumas coisas até que do nada fui surpreendido pela visita de um pastor que eu tenho uma admiração absurda. Ele me fez então uma pergunta: "Quanto tempo você passa no secreto por dia? Quanto tempo você separa para orar no Espírito e se edificar?".

A minha resposta não foi nenhuma surpresa para ele: "Depende". Essa talvez seja uma das respostas que mais usamos hoje em dia e ela é também reflexo da forma como encaramos muitas coisas. Tratamos coisas vitais como se tudo fosse relativo. Respondi então para ele, um pouco sem graça e sem entender ainda aonde ele queria chegar: "Depende da minha semana, se estou muito corrido ou não, se vou pregar naquele dia ou não, enfim... Depende". Ele olhou para mim e liberou algo que vou sempre carregar comigo: "Com o chamado que você tem e os sonhos que carrega dentro de você, se não tiver tempo com Deus em secreto, vai ser só um aventureiro!". Depois disso ele fechou a porta, entrou no carro dele e saiu. Aquelas palavras ficaram ecoando dentro de mim por um tempo e, por mais que eu tivesse ficado incomodado com a resposta, dentro de mim algo mudou depois daquele encontro.

Tenho vivido coisas incríveis desde aquele dia. Não consigo mais ficar sem priorizar meu tempo com Deus independentemente da rotina que eu esteja vivendo. É poderoso demais o que experimentamos através do relacionamento com o Espírito Santo. Toda direção, toda resposta, revelação na Palavra, tudo isso vem d'Ele quando estamos disponíveis para o Seu agir. Mas, para ouvir o som do Céu, eu preciso deixar de ouvir os ruídos ao meu redor.

Eu tive uma professora de Literatura que se posicionava de uma forma muito diferente em relação à bagunça que fazíamos na sala. É muito comum ver professores se esforçando para falar enquanto os alunos ainda estão agitados e conversando cada um sobre um assunto diferente. Alguns professores são mais enérgicos quando querem a atenção da turma, outros são mais incisivos e aumentam o tom de voz até retomar o controle sobre a aula. Mas ela era diferente. Quanto mais alto nossa turma falava, mais baixo ela impostava o seu tom de voz. Chegava a ser desafiador, às vezes, entender o que ela estava falando, mas eu aprendi com isso um princípio. Se você quer ouvir o que eu tenho para falar, precisa se destacar da multidão e se aproximar de mim.

RUÍDOS

Uma das passagens mais conhecidas da Bíblia fala sobre Jesus ressuscitando a filha de Jairo e, por mais que você já conheça e tenha lido inúmeras vezes essa história, quero chamar sua atenção para um ponto chave tão importante quanto o poder de ressurreição que fluiu de Jesus para aquela menina. Quero falar sobre o poder da multidão e como os ruídos podem nos roubar a oportunidade de experimentar milagres.

> O grupo chegou à casa do oficial e abriu caminho entre os fofoqueiros, sempre ávidos por uma novidade, e pelos vizinhos, que haviam trazido comida. Jesus foi ríspido com eles: "Afastem-se! A menina não está morta". Assim que se livrou da multidão, Ele entrou, pegou a mão da menina e a levantou – viva! A notícia logo se espalhou e correu por toda a região. (Mateus 9.23-26 – A Mensagem)

Quando Jesus chegou àquela casa, a notícia de morte já havia chegado antes. A família estava cercada por curiosos, vizinhos e fofoqueiros, como Eugene Peterson frisa bem na versão bíblica "A Mensagem". Em algumas outras versões da Bíblia, percebemos que já haviam também músicos, ou seja, já davam como certo a morte da menina e estavam em meio ao seu "funeral". A primeira coisa que Jesus faz antes de entrar na casa é ordenar que toda a multidão saia. É importante aprendermos com cada posicionamento de Jesus, porque eles carregam alguns detalhes que são poderosos. Antes de Jesus operar aquele milagre, o conselho da multidão precisaria sair. Aliás, Ele só entrou na casa depois que toda a multidão saiu dela.

Jesus se assegura de manter naquele ambiente apenas pessoas que criam naquilo que seria realizado através do poder de Deus. O conselho da multidão não pode fazer nada diante da morte, mas Ele pode. Eu só consigo ter minha esperança firmada em Deus quando eu não tiver esperança em mais nada além d'Ele. Acho incrível também o fato da multidão rir de Jesus quando Ele declarou que a menina não estava morta (isso aparece em algumas versões da Bíblia). Experimentamos isso muitas vezes quando cremos em uma palavra que Deus liberou a nosso respeito, e que parece impossível de se cumprir aos olhos de quem nos cerca. Muitas vezes, as promessas de Deus para nós são motivo de riso e descrédito para as pessoas ao nosso redor, mas assim que se cumpre aquilo que Ele prometeu, todos são obrigados a reconhecer que a fé não limita Deus, e Deus não limita a fé!

No versículo 26, lemos que "A notícia deste acontecimento espalhou-se por toda aquela região". Parece que a mesma multidão que riu e duvidou do que Jesus havia declarado agora se tornou então propagadora das boas novas. Em todo o ministério de Jesus, vemos as multidões tendo comportamentos quase bipolares a respeito d'Ele. Em alguns momentos O recebem com festa, em outros gritam "Crucifica-O". Em alguns momentos querem torná-lO Rei, em outros O abandonam porque o Seu discurso carrega palavras duras. Ver a multidão mudando de ideia a todo tempo não é algo novo e não é, de fato, o problema. O problema acontece quando eu passo a fazer da voz da multidão o meu norte e, ao mesmo tempo, quero entender a direção que Deus tem para mim.

Quero fazer uma analogia entre as vozes ao nosso redor e o ruído na nossa comunicação com Deus. Duas coisas são imprescindíveis para ouvirmos bem uma estação de rádio, por exemplo: o alcance da frequência e a ausência de ruídos. Não sei se você tem ideia disso, mas neste momento estão passando por você centenas de ondas de rádio carregando todo tipo de informação. Mas por que não estamos ouvindo? Porque não estamos sintonizados nelas. Existem pessoas que questionam o silêncio de Deus quando, na verdade, o mais provável é que não estejam ouvindo o que Ele está falando ou estejam confundindo a Sua voz com a da multidão. Tão importante quanto buscar em Deus direção é estar disposto a abrir mão de todo conselho que não venha d'Ele.

Talvez você esteja se perguntando: "Como eu consigo me livrar desses ruídos na minha comunicação com Deus e abrir mão das vozes ao meu redor? Preciso me isolar de tudo para isso?". Por mais que momentos como este que estou vivendo exatamente agora, isolado de quase tudo que fazia parte da minha rotina e sozinho num quarto de hospital, sejam propícios para criar esse ambiente seguro de intimidade com Deus, sem ruídos ou interferências, nossa relação com Ele não se limita a isso. Você não precisa se isolar do mundo para ouvir Deus, muito menos se alienar e se afastar de todos para que os ruídos não o atrapalhem mais. Precisamos na verdade entender que no meio de toda essa correria, existe um lugar seguro para nos relacionarmos com Ele; vamos chamá-lo de "lugar secreto". Jesus não vivia fugindo das multidões e se isolando de todos, seria ridículo pensar assim, até porque o Verbo Se fez carne e habitou no nosso meio com o propósito de Se revelar para nós e manifestar o poder do Pai sobre nós, mas Ele não ficava todo tempo no meio do povo. Jesus valorizava o "lugar secreto", e a minha pergunta é: "Por que nós acreditamos que podemos viver de forma plena sem isso?".

> [...] Quando você orar, vá para seu quarto, feche a porta e ore a seu Pai, que está em secreto. Então seu Pai, que vê em secreto, o recompensará. (Mateus 6.6)

O PODER DO SIMPLES

Hoje recebi a visita da Ceci aqui no quarto, e é sempre maravilhoso quando ela vem! Ela chega me "ignorando" um pouco, como se estivesse esperando ser conquistada, e aos poucos vai se aproximando de mim. Descobri um truque infalível, deixá-la "brincar" um pouco com o controle do meu leito (é uma cama automática que sobe e desce, inclina e faz mais algumas coisas que não uso muito). Hoje ela deitou comigo e ficou encantada em poder controlar a cama. Uma criança consegue se desconectar de tudo quando uma brincadeira nova surge, inclusive do fato de estar num hospital visitando o seu pai com alguns tubos de soro e antibióticos no braço. No universo de uma criança, uma cama de hospital que sobe e desce pode ser a coisa mais incrível do mundo. Isso acontece porque elas são ingênuas apenas?

Isso seria menosprezar a força da pureza. Isso acontece porque elas são SIMPLES!

Jesus foi simples e ao mesmo tempo poderoso. As duas coisas não se anulam, ao contrário do que pensamos muitas vezes. Simples não significa superficial. Em relação à intimidade com Deus e à nossa oração, essa verdade toma uma forma ainda maior. Deus não está preocupado com nossa oratória ou com o tom de voz que usamos – será que isso impressionaria Aquele que criou todas as coisas quando elas não existiam e vai permanecer depois de todas elas passarem? Se existe uma coisa que chama a atenção do Criador é o coração da criação batendo por Ele novamente.

O mundo está cheio de pessoas que se julgam guerreiros de oração, mas que nem sabem o que é orar. Utilizam-se de fórmulas, programas, conselhos e técnicas de vendas para conseguir o que querem de Deus. Não façam essa asneira. Vocês estão diante do Pai! E ele sabe de que estão precisando, melhor que vocês mesmos. Com um Deus assim, que os ama tanto, vocês podem orar de maneira muito simples […]. (Mateus 6.7-8 – A Mensagem)

A oração do Pai Nosso, por exemplo, que foi ensinada por Jesus como um norte a respeito de como orarmos, muitas vezes é utilizada quase como se fosse um mantra. Se repetirmos sem ao menos meditarmos sobre o que estamos declarando, ela passa a ser apenas um conjunto de palavras sem sentido. As palavras se tornam vazias se não há verdade em nós quando as expressamos. Não há nada de errado com a oração que Jesus nos ensinou, mas podemos estar apenas no modo automático, acreditando que isso é tudo o que o "lugar secreto" tem reservado para nós. Existem algumas verdades a respeito da oração que quero destacar:

- Jesus morreu no meu lugar para restaurar minha identidade n'Ele. Eu não preciso mostrar para Ele alguém que eu não sou; seria um desperdício de tempo.

- A oração não é um canal para que eu apenas peça o que preciso; é um ambiente

PLAY ▶ CAP_ 6

de intimidade e revelação de quem Deus é.

- Quanto mais eu conheço a pessoa de Jesus e o caráter de Deus, mais eu me aprofundo em conhecer quem eu sou também.

- Existe poder na oração de um justo para mudar todas as circunstâncias ao seu redor.

Quando passamos a usufruir da liberdade que existe no "lugar secreto", é inevitável não se imaginar mais vivendo sem ele. Um ambiente de oração simples é capaz de gerar em nós as maiores experiências com Deus. Nosso tempo com Ele não deve ser algo que acontece de vez em quando; na verdade fomos gerados por Ele justamente para termos prazer na Sua presença, ela é suficiente! Que tal tirar alguns minutos para experimentar isso agora mesmo? Busque um ambiente em que nada o distraia, deixe o Espírito Santo invadir o seu coração e preencher todo o vazio que possa haver n'Ele, alinhar o seu coração ao coração do Pai, trazer respostas para as suas dúvidas e liberar sobre você a paz que excede todo entendimento. Faça disso um hábito e seja bem-vindo ao "lugar secreto".

00:00:07

ARQVP /// 7
_SA

/// CAP. 7

SEM ANESTESIA

"É incompreensível para o mundo quando pregamos que Jesus é suficiente. Mas é irresistível quando vivemos contentes de tal forma que essa verdade fique clara mesmo sem usarmos palavras."

Decidi tornar este tempo aqui um memorial de gratidão para que todos que venham me visitar saiam mais inspirados do que quando chegaram. É impressionante o poder do contentamento e o quanto ele pode afetar as pessoas ao nosso redor. Quando vemos alguém enfrentando uma situação difícil e mesmo assim permanecendo contente, isso nos constrange a refletir sobre o quanto estamos felizes com o que temos. É como aquele encontro que citei num capítulo anterior entre meus pais e um casal de amigos que havia perdido os seus filhos e estavam firmes enquanto reconstruíam sua história. Isso gerou nos meus pais de início um estranhamento, "como eles conseguem estar tão contentes mesmo passando por isso?", mas em seguida provocou neles uma profunda reflexão a respeito do que já tinham e como estavam dando pouco valor a isso. Quando Jesus nos diz que a Sua graça nos basta, isso é profundamente confuso para quem não experimentou essa verdade ainda, mas é somente dessa forma que o mundo irá desejar ter o que temos, a saber Jesus, quando olharem para nós em meio a circunstâncias difíceis que enfrentamos e perceberem que, a despeito delas, nós permanecemos contentes. Estar contente tem muito mais a ver com a perspectiva com que encaramos as circunstâncias do que as circunstâncias em si. É na verdade um convite a descansar, na certeza de que já temos mais do que merecíamos ter (graça) e menos do que ainda vamos experimentar (favor).

Recebi uma visita estes dias de um grande empresário, e enquanto compartilhava com ele o que estou vivendo aqui, me lembrei do que diz o apóstolo Paulo, "aquilo que para o mundo é loucura, para nós se revela como poder de Deus". Eu estava contando para ele o quanto estou feliz com tudo o que Deus tem feito neste período, como estou sendo cuidado por Ele em cada detalhe, desde os médicos que têm me ajudado até o suporte que tenho tido por parte da família e de amigos. Falei sobre as experiências com Deus que eu tenho vivido aqui e como isso tem tornado este tempo precioso. À medida que eu ia falando sobre cada um desses pontos, o seu semblante ia ficando mais confuso, aquilo era desconexo demais para ele compreender. A sua luta diária é para manter o patrimônio que tem e continuar conquistando cada vez mais, e, em alguns momentos, se abate por conta de um negócio que não foi concluído ou por um novo projeto que não saiu do papel. Como compreender o contentamento de alguém internado há semanas e que trata isso como uma das melhores estações da sua vida? Isso não dá para ser compreendido, porque excede a lógica, mas revela a nossa fé. Se eu me limito a confiar apenas no que eu entendo, eu estou fadado a nunca confiar em Deus.

(IN)DIFERENTES

Uma das barreiras que nos impede de entender o quanto esse comportamento pode ser poderoso está ligada ao fato de olharmos para o contentamento como sendo uma fraqueza. É muito comum ele ser combatido como se fosse oposto à ideia de desejar melhorar ou crescer, mas não é esse o padrão bíblico de contentamento. Não tem nada a ver com ser passivo ou se acostumar com cenários difíceis, não está ligado a ser omisso em relação ao que está acontecendo ao seu redor. Muitas vezes confundimos também contentamento com indiferença, como se estar contente fosse, na verdade, não ligar para o que está acontecendo. Na verdade, as distorções a respeito desse tema não são recentes. Quero compartilhar com você parte de um estudo que fala sobre a forma como alguns filósofos tratavam esse assunto na época em que o apóstolo Paulo viveu:

> Os filósofos estoicos do tempo de Paulo tinham uma visão diferente de contentamento. Eles acreditavam que o contentamento era alcançado somente quando alguém chegava ao estágio de total indiferença. Epíteto expôs como alcançar essa condição elevada: comece com uma xícara ou com um utensílio doméstico. Se ele quebrar, diga: "Não me importo". Depois com um cavalo ou um cão de estimação. Se qualquer coisa acontecer a ele, diga: "Não me importo". Por último, com você, se ficar ferido ou machucado, diga: "Não me importo". Assim, se seguindo adiante e se esforçando bastante, você atingirá um estágio em que poderá ver seus entes mais próximos e queridos

sofrerem e morrerem e, ainda assim, você dirá: "Não me importo".[1]

Eu estou contente em meio a tudo que estou vivendo nestes dias, embora eu não esteja indiferente a isso. Todos os medicamentos possíveis estão sendo utilizados para me ajudar no tratamento, tenho orado de forma específica para que Deus revele Seu poder através da minha cura, tenho declarado que nenhuma sequela será encontrada no meu coração depois que os exames forem feitos, tenho buscado em Deus estratégias para alcançar pessoas que talvez de outra forma não estariam tão sensíveis à mensagem que eu carrego, enfim; tenho me esforçado a todo tempo para usufruir da melhor forma possível essa experiência e sair dela ainda mais forte do que quando entrei. Mas isso não significa estar indiferente, não significa se entregar às circunstâncias e desistir de lutar, não tem nada a ver com baixar a cabeça e aceitar o que tem vindo ao meu encontro tentando me abater. Estou contente em meio

---

[1] Estudo publicado pela Editora Cultura Cristã, na série Expressão – Vencendo a Ansiedade.

a tudo que tenho vivido porque sei que, se Deus permitiu que eu estivesse aqui, Ele estará comigo também.

O apóstolo Paulo fala sobre isso em sua carta aos Filipenses. Ele declara que sabe o que é ter muito e também sabe o que é ter nada, mas isso não o abate. Ele diz, então, que aprendeu o segredo para viver contente em toda e qualquer situação, e revela logo em seguida: "Tudo posso naquele que me fortalece". Essa talvez seja a frase mais utilizada até hoje em adesivos de carro ou em para--choques de caminhão, e é muito comum a encontrarmos espalhada por todo canto como se fosse um manifesto dos crentes. É realmente muito bom espalharmos o segredo de viver contente, o problema é que a maioria de nós não compreende de fato o que isso significa. Muitos acreditam que declarar "Tudo posso naquele que me fortalece" significa que nós podemos fazer todas as coisas que desejamos, mas isso não tem nada a ver com o que Paulo estava afirmando. "Poder todas as coisas" não significa "não precisar passar pelas circunstâncias" ou estar indiferente, mas se manter firme em meio a elas e apesar delas. A declaração de Paulo, em outras palavras, é: sou completo porque tudo o que eu precisava já me foi dado, era escravo e hoje eu sou livre, era órfão e hoje eu sou filho. Posso enfrentar o que for, estou contente porque sei que Ele está comigo. Isso é suficiente!

> Sei o que é passar necessidade e sei o que é ter fartura. Aprendi o segredo de viver contente em toda e qualquer situação, seja bem alimentado, seja com fome, tendo muito, ou passando necessidade. Tudo posso naquele que me fortalece. (Filipenses 4.12-13)

QUEM DISSE QUE NÃO DÓI?

O propósito deste livro é encorajá-lo a vencer as circunstâncias, e isso não tem nada a ver com fingir que elas não existem. Enquanto eu compartilho com você o que tenho vivido neste período aqui, tenho a todo tempo me preocupado em não passar a falsa impressão de que sou imune à dor, à ansiedade, preocupação ou qualquer coisa do tipo. Eu não estou anestesiado em relação aos meus desafios e às circunstâncias, mas decidi não me submeter a elas. Seria hipocrisia dizer que não tive momentos difíceis aqui. Momentos em que a saudade me deixou um pouco abatido, momentos em que me senti incapaz, momentos em que me senti privado, como no tão sonhado aniversário da Ceci, por exemplo, que aconteceu sem que eu pudesse estar lá e agora as únicas memórias que eu tenho desta festa foram construídas através de fotos e da descrição de outros. Seria loucura dizer que um período como este que estou vivendo não deixa marcas ou lembranças ruins, mas seria ainda mais louco acreditar que o Evangelho promete me manter anestesiado em momentos assim, quando são justamente esses momentos que constroem em mim novos níveis de experiência e me dão propriedade para vencer novos desafios. Descartar a dor da experiência significa se distrair enquanto deveria estar aprendendo.

Alguns anos atrás sofri um acidente de carro. Eu estava indo para Cabo Frio participar de um evangelismo em uma comunidade e tinha acordado bem cedo para chegar a tempo. Lembro que eu lutava contra o sono e estava me esforçando para me manter alerta. Parei num posto e tomei uma porção generosa de café e uma lata de energético para resolver o problema. Mas não resolveu. Acordei do outro lado da pista e quando abri os olhos, tudo que vi na minha frente foi o teto do carro afundado, o para-brisa estilhaçado e assustadoramente o CD que continuava tocando como se nada tivesse acontecido. Não sei se enquanto você lê a descrição deste acidente, está imaginando quantas vezes eu capotei até atravessar quatro faixas de uma autoestrada, mas esta foi a pergunta que eu mais ouvi durante um bom tempo: "Quantas vezes você capotou?". E eu sempre respondia sem pensar duas vezes: "Desculpa, eu estava dormindo, se estivesse acordado para contar nem tinha capotado". Um furgão da Elma Chips e um Mercedes Benz Classe A estavam passando naquele exato momento e foram as primeiras pessoas a me socorrer. Não tive nenhuma lesão, nem um corte sequer, bem diferente de como ficou o estado do carro, que sofreu perda total. Logo em seguida chegou uma ambulância e um carro de socorro (eu estava numa rodovia privatizada, por isso chegaram tão rápido. Acredito que ficaria algumas horas esperando se fosse uma rodovia pública. Mas não quero fazer agora uma análise entre os tipos de estrada que temos no Brasil, vamos voltar ao assunto principal). Eu estava lúcido e bastante preocupado em como conseguiria chegar a tempo para o evangelismo, então recusei o atendimento médico (não é uma coisa legal a se fazer) e precisei assinar um documento oficializando isso. Coloquei meu carro no reboque e assim que minha carona chegou, seguimos viagem. Foi incrível o que vivemos naquele dia com os jovens. Entramos em várias casas para orar pelas famílias, abordamos algumas pessoas na rua, muitos deles tiveram sua primeira experiência de evangelismo e tudo fluiu de forma muito leve. Eu não tinha parado, na verdade, para assimilar o que havia acabado de acontecer comigo, por isso estava tão tranquilo em relação ao acidente, mas assim que cheguei em casa e toda a adrenalina abaixou, eu comecei a chorar copiosamente. Naquele momento caiu a minha ficha e eu entendi que Deus havia me livrado da morte, nada menos que isso.

Acredito que muitas coisas vão passar a fazer mais sentido para mim depois que eu sair daqui. Quando voltar para casa e me sentar com Quezinha e Ceci para tomar café, e conversar com elas sobre todas as histórias que eu vivi durante este período, ou quando voltar para minha igreja e pregar pela primeira vez desde a minha internação. Quando eu gritar novamente: "Seja bem-vindo!" para as pessoas que aceitarem Jesus e vierem à frente durante um culto, quando eu abraçar meus amigos que não vejo há bastante tempo e agradecer por todo o suporte que eles têm me dado, enfim, quando todos esses reencontros acontecerem, eu vou ter de forma mais nítida o entendimento de tudo o que estes dias representaram para mim. A verdade é que algumas coisas que vivemos hoje só serão plenamente compreendidas amanhã. Estamos todo tempo em busca de respostas imediatas, correndo contra o relógio

PLAY ▶ CAP_ 7

para aproveitar todo o tempo que temos. Mas aprendi que Deus não tem pressa porque Ele é eterno.

00:00:08

ARQVP /// 8
_OANEUI

/// CAP. 8

O AMOR NÃO É UMA IDEIA

"Todos sabemos que o amor não é uma ideia, ou pelo menos deveríamos saber. O problema de vermos o amor apenas como uma ideia é que podemos estudá-lo, questioná-lo e idealizá-lo de diversas formas, mas nunca conseguiremos senti-lo."

Todos os textos da Bíblia são incríveis e carregados de verdade, mas existem alguns que expressam em poucas palavras a síntese do Evangelho. João 3.16 é um desses textos. Ele por si só já é suficiente para entendermos a profundidade do amor furioso de Deus por nós a ponto de entregar o Seu Filho no nosso lugar. Todas as vezes que paro para refletir sobre isso, me faço a seguinte pergunta: que amor é esse? Ele sequer considerou a possibilidade de nos perder. Muitos conhecem a história de Jesus e Seu sacrifício na cruz, mas não têm ideia do porquê de Ele ter sido crucificado. Não tenho a pretensão de explicar em poucas palavras tudo o que envolveu a redenção, mas quero de forma simples compartilhar o que aconteceu de tão poderoso no Calvário a ponto de dividir a história da criação em duas partes.

> Porque Deus amou o mundo de tal maneira que deu o seu Filho Unigênito, para que todo aquele que nele crê não pereça, mas tenha a vida eterna. (João 3.16)

Havia sobre nós uma sentença por conta do nosso pecado, e era justo que essa sentença fosse paga. O grande problema era o preço dela. A Palavra fala a respeito disso em Romanos 6.23, quando diz que o salário do pecado é a morte. Por que Deus simplesmente não anulou essa sentença se Ele de fato tem poder para isso? A resposta é simples, isso iria ferir o caráter de Deus. A sentença é justa, nós a merecíamos porque todos pecamos e nos afastamos de Deus. E é neste momento que o plano da redenção entra em cena. Deus transfere para o Seu Filho, que nunca havia cometido pecado, todos os nossos pecados, doenças e enfermidades para nos tornar livres!

Quando lemos em João 3.16 que "Deus amou o mundo", essa afirmação poderia terminar exatamente aí, sem que nada fosse falado depois disso, e já seria algo poderoso. "Deus amou o mundo", mas o amor, para ser pleno, exige de nós uma expressão, senão se torna apenas uma ideia. É comum vermos em muitos lugares o manifesto "Mais amor por favor", e fica a seguinte dúvida: tem faltado amor de verdade ou aquilo que nós acreditamos ser amor? Todo o amor de que precisamos já está disponível, muitos na verdade têm se frustrado porque estão buscando a coisa certa no lugar errado. Em nós o amor é uma qualidade, em Deus o amor é a Sua própria identidade, Deus é amor. Não existe falta de amor, o que existe são pessoas vazias de amor, porque ninguém pode dar o que não tem. 1 João 4.19 diz que nós amamos porque Deus nos amou primeiro, por isso toda expressão de amor é gerada por Ele, flui através d'Ele e aponta para Ele.

Dizemos que amamos tantas coisas, mas de fato o que fazemos tem respaldado a nossa fala? Deus certa vez me constrangeu a meditar sobre nossos louvores. Nem tudo o que declaramos enquanto estamos envolvidos pelo ritmo da música se revela em nós enquanto estamos envolvidos com o ritmo da vida. No meu espírito veio a seguinte verdade: "Filho, se vocês vivessem para Mim como vocês cantam para Mim, o mundo seria um lugar diferente". Mas isso não é um problema da Igreja apenas, isso é reflexo de uma geração. Nossa percepção a respeito do que é o amor e do que amamos está tão distorcida a ponto de dizermos que amamos qualquer coisa, desde um IPhone até uma nova série da Netflix. Se o amor que pregamos não envolve uma ação, não é amor. Por isso, João 3.16 não se limita a "Deus amou o mundo", mas continua em seguida falando sobre a dimensão desse amor: "[...] de tal maneira". O amor incondicional de Deus nos alcançou de tal maneira que nada foi capaz de impedi-lO, nada foi capaz de nos separar d'Ele. Em Romanos 8.38-39, temos uma ideia da dimensão desse amor:

> Pois estou convencido de que nem morte nem vida, nem anjos nem demônios, nem o presente nem o futuro, nem quaisquer poderes, nem altura nem profundidade, nem qualquer outra coisa na criação será capaz de nos separar do amor de Deus que está em Cristo Jesus, nosso Senhor. (Romanos 8.38-39)

Em João 3.16 temos então a revelação de que Deus nos ama: "Deus amou o mundo", e temos também a dimensão desse amor: "[...] de tal maneira", mas tudo isso se tornou palpável quando veio acompanhado de uma expressão: "[...] que deu o seu Filho Unigênito". Deus entregou à morte o Seu único Filho "[...] para que todo aquele que nele crê não pereça, mas tenha a vida eterna". No Calvário, Ele deixou bem claro até onde estaria disposto a ir por amor. O amor tomou forma de gente e se apresentou para nós com um novo nome, Jesus.

FAÇA ALGUMA COISA!

Quando Jesus se entregou à morte, Ele redefiniu o conceito de amor, e não só isso, mas estabeleceu as bases do Evangelho como sendo exclusivamente expressões de amor.

"Ame a Deus acima de todas as coisas e ao seu próximo como a si mesmo". Quando Jesus nos ensina a fazer para o próximo aquilo que desejamos para nós mesmos, Ele está deixando uma coisa bem clara. Não espere que Eu faça aquilo que já designei você para fazer. Seja a resposta de oração para o outro. Faça alguma coisa!

Ouvi certa vez de um jovem que ele havia participado de um culto em outra igreja e ficou confuso com algo que ouviu lá. Durante a oração final, o jovem líder que estava à frente encerrou sua oração dizendo assim: "Deus, você precisa nos amar mais!". Eu entendo perfeitamente o porquê daquele jovem ter ficado confuso ao ouvir isso, na verdade até Deus poderia ter ficado confuso ouvindo tal pedido, se isso fosse possível: "Vocês precisam de mais amor? Não têm usufruído nem do que Eu já liberei sobre vocês e Me pedem mais? O Meu amor não conhece limites porque ele é quem Eu sou, Eu sou amor!". Essa poderia ter sido uma boa resposta de Deus àquela oração. Acredito que toda falta de amor percebido por parte das pessoas ao nosso redor é fruto da nossa omissão em dar continuidade ao que Jesus começou aqui. Deixa eu explicar isso um pouco melhor, usando uma citação do escritor Philip Yancey:

> Considere, por exemplo, a excelente pergunta: "Por que Deus não faz alguma coisa em relação à fome global?". As palavras dos anjos depois da ascensão de Jesus ecoam através dos séculos: "Por que vocês estão olhando para o céu?". Nós, os seguidores de Jesus, somos os agentes encarregados de pôr em prática a vontade de Deus sobre a Terra. Com demasiada

facilidade, esperamos que Deus faça alguma coisa por nós quando, em vez disso, Deus quer agir por meio de nós.

O escritor fala sobre o episódio em que Jesus está subindo aos Céus, depois de ter ressuscitado e ter passado as instruções finais aos Seus discípulos. É de se imaginar a decepção que eles sentiram ao perceber que Jesus não estaria mais em seu meio, pelo menos não encarnado. Eles continuaram olhando fixamente para o céu, como se esperassem algo novo de lá: "Agora é com vocês!". Acredito que é basicamente isso que os anjos queriam dizer quando perguntaram para os discípulos por que eles ainda estavam olhando para o céu. Talvez a compreensão limitada a respeito do papel do Espírito Santo em nós gere para muitos a dificuldade em entender que, por mais estranho que isso possa parecer, "nós somos o Jesus que ficou por aqui".

Acredito que a frase acima expresse muito bem como alguns de nós têm se portado em relação ao convite de Jesus, para sermos a expressão de quem Ele é, e para darmos continuidade ao Seu ministério. Ao final, haverá aqueles que disseram "sim" a esse chamado e viveram plenamente o propósito, aqueles que ficaram passivos apenas assistindo o que Deus está fazendo através da Sua Igreja e haverá também aqueles que não têm a menor ideia do que a Palavra está dizendo quando declara que "Cristo em nós, a esperança da glória".

MEXEU COM UM, MEXEU COM TODOS

Há algum tempo tenho me dedicado ao ministério de jovens e tenho aprendido muito com essa experiência. Trabalhar com jovens significa lidar a todo tempo com as inconstâncias que essa fase carrega, motivando-os a permanecerem firmes e sem desistir. Significa sonhar alto e perder noites de sono gerando projetos que nem sempre vão sair do papel. Significa dedicar todo tempo do mundo para estar perto e, mesmo assim, ouvir deles que você não está tão presente como poderia. São inúmeros os desafios, mas caminhar ao lado deles gera também experiências únicas que não tem preço.

Como explicar a alegria de ver jovens que estavam completamente confusos e sem propósito, e que agora estão incendiados por Deus, desejando viver cada promessa de Deus para a sua vida? O que dizer então ao olhar para alguns jovens que passaram dificuldades dentro de casa e que agora estão rompendo todas as barreiras, construindo o seu futuro um dia de cada vez? Como não falar também do sentimento de participar do casamento de muitos deles e saber que para sempre faremos parte dessa história? Sei que daqui a algum tempo eles não estarão mais tão próximos, alguns deles eu nunca mais verei novamente, eles vão seguir seus próprios caminhos na construção dos sonhos de Deus para si; mas, aonde quer que eles estiverem, fazendo o que quer que seja, creio que vão carregar consigo para sempre as memórias do que estamos construindo juntos.

Hoje me lembrei de um momento surreal que vivi com eles uns dois anos atrás. Estávamos organizando um acampamento com mais de seiscentos jovens inscritos, e, desde o primeiro dia, enfrentamos problemas sérios com a chuva. Lembro que antes de começarmos, um vento forte veio sobre o auditório e arrancou metade das telhas; os funcionários do sítio precisaram correr muito para consertar tudo a tempo. Nós também havíamos organizado uma estrutura na parte externa do sítio onde faríamos algumas ministrações, mas durante dois dias seguidos a chuva caía sem pedir licença. Já estávamos exaustos por ter que desmontar a estrutura toda vez que a chuva vinha e montar tudo de novo assim que ela passava. Mas aconteceu uma coisa incrível em meio a todo esse cenário de frustração.

Estávamos dentro do auditório em uma das ministrações da noite, a chuva veio novamente e destruiu tudo o que havíamos montado horas antes. Corremos para retirar os equipamentos de som e luz que estavam sendo lavados pela chuva e, depois dessa última tentativa, não tínhamos mais alegria nenhuma em insistir com a programação lá fora. Até que ouvi de forma muito suave no meu espírito um convite: "Vem Me adorar no meio da chuva". Eu pensei num primeiro momento que aquilo poderia ser algum impulso meu, mas o convite continuava e era cada vez mais forte. Eu me lembro de ter pensado: "Se eu for para o meio da chuva agora, todos vão achar que eu quero chamar a atenção", mas depois de alguns minutos relutando, eu finalmente me rendi.

Corri para o meio do gramado, onde estava a estrutura completamente encharcada, me sentei sobre ela e comecei a adorar sem que nada mais importasse. O louvor que vinha do auditório me envolvia lá fora e me renovava por dentro, mesmo sem entender ao certo o que estava acontecendo. Eu estava de olhos fechados e de repente senti uma pessoa me abraçando, e mais uma, e mais uma, e quando abri os olhos, eu estava cercado por vários jovens. Alguns deles começaram a sair do auditório coberto e correr para adorar comigo no meio da chuva. Aquilo nunca mais vai sair da minha memória.

São em momentos exatamente assim, quando tudo parece fugir do nosso controle e não sabemos mais o que fazer, que Ele nos convida a experimentar descanso. É indescritível como nos sentimos cuidados quando somos abraçados por quem amamos, a despeito de toda a chuva que cai. Não só eu, mas todos aqueles jovens foram marcados também, e sempre que lembramos daquele dia, temos a certeza que a chuva foi a melhor coisa que poderia ter acontecido. Hoje estou vivendo um momento muito parecido com aquele dia da chuva, e neste exato momento, enquanto escrevo estas páginas, os jovens e as famílias da minha igreja estão reunidos para viabilizar todo o meu tratamento. O manifesto que tem marcado este tempo é: "Mexeu com um, mexeu com todos".

00:00:09

ANDRÉ
FERNANDES.
Printed in Miami -FL. All rights rese

ARQVP /// 9
_BDP

/// CAP. 9

BARQUINHOS DE PAPEL

"Mesmo na escura noite
Correrei para Ti, meu Pai
Tens o que preciso
És quem eu procuro
És o amor que enche as lacunas do meu ser
És o amor que transborda os profundos vãos
És bondade que atrai com irresistível graça
Eu te dou tudo que sou"
(Laura Souguellis)

Um período como este é rico porque o leva a um lugar onde só você tem acesso, se chama experiência. Quero convidá-lo a olhar para tudo que o cerca com uma perspectiva diferente, e em vez de se sentir insatisfeito com o que lhe falta, se sentir completo com o que você já recebeu (Jesus). Nós estamos tão preocupados em medir tudo, mensurar e classificar todas as coisas, que diante do meu breve e singelo testemunho alguns talvez diriam que já viram pessoas que sobreviveram a coisas piores. Outros talvez diriam assim: "Essa doença nem é isso tudo"; e aí entra em cena a nossa singularidade. Para mim em mim também. E em você, o que tem acontecido dentro de você que o torna único? Quais são as experiências que o marcaram e tornaram você ainda mais singular? O que você tem feito com aquilo que o torna diferente de todos ao seu redor? Manifeste isso e deixe as pessoas conhecerem Jesus através de você principalmente sem que as palavras sejam necessárias. E, se forem, use com moderação.

Essa citação já foi atribuída a inúmeros autores diferentes, e gostaria de chamar a sua atenção para ela porque isso tem tudo a ver com a força de um testemunho. As pessoas que passam pela nossa história todos os dias não serão marcadas pelas palavras que usamos, mas pelas verdades que as nossas palavras carregam. Nada do que dizemos consegue ser mais forte do que um testemunho. Ele tem a capacidade de nos envolver e, com isso, nos trazer para uma nova perspectiva como se passássemos a ver por alguns momentos através do olhar do outro. Sempre que isso acontece, passamos a conhecer melhor a nós mesmos.

Através das nossas experiências, podemos falar de algo que de fato compreendemos; não é um conceito ou uma tese, agora aquilo se tornou em nós uma marca. Quando Jesus diz, em João 16.33, que no mundo teremos aflições e nos incentiva a termos bom ânimo, Ele declara também em seguida: "Eu venci o mundo". Ele respalda o convite que nos faz com a Sua própria experiência. É como se Ele dissesse: "Eu entendo a dor que vocês sentem, porque Eu senti também, mas vocês poderão vencê-la porque Eu já a venci por vocês!".

A nossa dor carrega o nosso DNA, isso é indiscutível. Já me vi em momentos que precisei confortar mães pela perda dos seus filhos, amigos meus pela perda de seus pais, e, por mais que sejamos afetados também por essas perdas, jamais conseguiremos entender a dimensão da dor do outro. Como compreender, por exemplo, a dor de uma mãe que perdeu seu filho enquanto ainda estava sendo gerado? Por mais que possamos tentar ter a percepção do que ela está sentindo, fazendo um paralelo com outros momentos difíceis e perdas que já passamos, jamais teremos noção de como aquilo a afetou. Agora, imagine a força do testemunho dessa mesma mãe depois de ter sido restaurada, ao compartilhar tudo o que passou e como ela superou isso. É assim que a Igreja cresceu no passado e é assim que vai continuar crescendo, compartilhando verdade através de uma geração que prega o que vive e vive o que prega.

NINGUÉM REJEITA UM BARQUINHO DE PAPEL

Falar sobre Jesus é apenas uma das formas de apontar para Ele. Hoje nós vemos um mundo muito desgastado com as incoerências entre o Evangelho que foi pregado durante muito tempo e o Evangelho que invadia as ruas; eles pareciam ser coisas distintas em muitos momentos. No período em que eu estive mais envolvido com missões, percebi no discurso de alguns poucos missionários que eles subestimavam a dificuldade de propagar as Boas Novas em meio às cidades, acreditando que o maior desafio é levar essa mensagem para os lugares mais pobres ou remotos. Aprendi com o tempo que mais difícil do que falar de Jesus para quem nunca ouviu é falar d'Ele para quem não quer ouvir falar.

Durante este período aqui, fiz muito mais coisas do que imaginei que seriam possíveis quando cheguei, mas, ainda assim, alguns propósitos ficaram no meio do caminho. Um deles era o meu desejo de visitar os pacientes que estão internados aqui e orar com eles. Por mais que eu já tenha feito isso em outras oportunidades e vou fazer em inúmeras outras, vamos ser sinceros, não é todo dia que aparece um pastor para orar por você arrastando um suporte de soro e com um cateter profundo no pescoço. Acredito que seria no mínimo curioso. Fiquei um pouco frustrado em não poder visitar os pacientes e comentei sobre isso com um amigo. E ele me deu uma ideia incrível: "Por que então você não envia cartas para os pacientes?". Como eu não pensei nisso antes? Lembro que recebi algumas cartas dos jovens enquanto estava no CTI, e cada carta que eu abria me inspirava de uma forma diferente; eles certamente não têm ideia do bem que me fizeram. Por que não retribuir essa atitude para centenas de pessoas? O fato de não conhecê-las só torna tudo isso ainda mais emocionante.

Eu estava tão eufórico com a ideia de distribuir cartas para os pacientes aqui do hospital que convidei todos os jovens da igreja para se envolverem nesse propósito também (hoje são mais de mil jovens envolvidos). Enviei uma mensagem para todos eles explicando o que faríamos, e os motivando a escreverem quantas cartas pudessem. Algumas horas depois, recebi a visita de um jovem que tinha viajado mais de duas horas de moto só para me entregar um presente. Um barquinho de papel. Eu fiquei bastante curioso com aquilo porque horas antes eu tinha enviado para o designer uma imagem de um barquinho de papel e pedi para que ele inserisse de alguma forma na capa do livro, mas não havia comentado com ninguém a respeito disso. De repente havia um barquinho de papel nas minhas mãos. Contei para ele o porquê da minha surpresa com aquele presente e perguntei: "Por que um barquinho de papel afinal?". A resposta dele trouxe ainda mais sentido ao propósito das cartas. Ele explicou que distribui esses barquinhos de papel por onde passa, e que cada um deles carrega uma mensagem diferente escrita. As pessoas podem não estar abertas a ouvir falar sobre Jesus, mas ninguém recusa um barquinho de papel, disse ele. Achei a simplicidade dessa explicação genial.

Já se passaram alguns dias desde esse episódio. Recebi hoje à tarde as primeiras cartas que foram escritas pelos jovens, e vamos transformar todas elas em barquinhos de papel e espalhar por todo lado. Na verdade, enquanto estou escrevendo este parágrafo, fui interrompido por uma enfermeira que veio me medicar e entreguei para ela a primeira carta. Não tenho ideia do que estava escrito nela e nem quem escreveu, e essa é a melhor parte. Alguém compartilhou num pedaço de papel suas verdades, e elas vão tocar de uma forma especial outra pessoa, mesmo sendo anônima. Eu espero que o mesmo aconteça com você enquanto lê este livro. Não nos conhecemos, mas quem disse que isso seria um problema? É tudo sobre Ele.

SAUDADE

Enquanto escrevo este último capítulo, é impossível não me sentir entre dois mundos. Entre a saudade e o saudosismo do que deixei lá fora, e a estranha sensação de que vou sentir "saudade" de muitas coisas que vivi aqui. Existe uma frase bem disseminada entre os jovens e que nem sempre é utilizada com um sentido apropriado, mas quero utilizá-la sob uma nova perspectiva. Ela diz assim: "Faça acontecer, que eu faço valer a pena". Pois é, Deus permitiu que eu estivesse aqui, me vi dentro de uma situação completamente inesperada e pensei: "Já que estamos aqui, vamos fazer valer a pena!".

Acredito que esse tipo de entendimento, ou melhor, esse tipo de comportamento (porque muitas vezes dizemos entender muitas coisas, mas, na prática, elas não se tornam reais) nos permite transformar momentos de "crise" em momentos assustadoramente incríveis. Paradoxal? Talvez, mas é essa dinâmica que o Evangelho nos propõe. Para ganhar precisamos perder, o maior é o menor, felizes são os que choram e os sábios são confundidos pelas coisas loucas. Ainda bem que a loucura da pregação me alcançou, a ponto de me dar sabedoria para encarar momentos como esses, mesmo sem entender.

Uma característica que marca a História da Igreja desde os heróis da fé, passando pela primitiva e chegando até os dias de hoje, é a capacidade de se tornar cada vez mais forte à medida que, por suas próprias forças, se torna cada vez mais fraco. Um historiador chamado Flávio Josefo fez uma analogia entre as gotas de sangue dos cristãos da Igreja primitiva e as sementes. Ele relatou que, quanto mais ela era perseguida, mais crescia. Vivi os paradoxos que uma caminhada cristã propõe todos os dias aqui. Fui desafiado a me alegrar em meio à dor, encorajar pessoas enquanto eu mesmo estava doente, orar por pessoas que vinham me visitar e que emocionalmente precisavam mais do que eu, dormir em paz em meio às maiores ondas que já vieram sobre mim, gerar sonhos gigantes que não caberiam neste quarto de hospital. Percebi algo incrível observando os sonhos que foram gerados aqui; alguns deles são como plantas que só conseguem crescer neste tipo de ambiente. Eu posso até levar os frutos comigo, mas as raízes precisam ficar. Este livro que você está lendo é um desses frutos. Pode não ser tão doce ou bonito, mas fique tranquilo, ele não tem agrotóxicos.

Gerar este livro e mergulhar nas reflexões que ele me trouxe foi encorajador. Enquanto compartilho meus últimos pensamentos a respeito dessa jornada, me preparo para deixar este quarto e voltar para minha "rotina". Mesmo que eu encontre alguns cenários lá fora da mesma forma como eu os deixei, eles encontrarão um André diferente. Depois de semanas longe de tudo, mergulhado nesse turbilhão de emoções, momentos incríveis, cuidado de Deus, expressões de carinho, tempo de intimidade e revelação, tempo de descanso e renovo, tenho sentido algo que se torna cada vez mais forte dentro de mim e que se chama saudade.

Saudade de estar em casa com Quezinha e Ceci, tornando mágicas coisas tão simples quanto brincar de massinha ou assistir aos vídeos que ela gosta no YouTube. Saudade de buscar Ceci na escola e perguntar como foi a aula e o que ela aprendeu, e me sentir o melhor pai do mundo porque para ela eu sou único.

Saudade de estar na igreja e ser renovado por Deus através do sorriso de cada jovem que, mesmo sem dizer nada, me traz uma convicção de que tudo o que estamos construindo aponta para algo maior do que nós mesmos!

Saudade da minha igreja, de poder servir nos nossos cultos e compartilhar verdades sobre Jesus e o Seu amor furioso por nós. Saudade de participar de cada encontro da nossa igreja em Cabo Frio, que tive o privilégio de poder implantar e tornar ainda mais especial a minha relação com a cidade em que eu nasci. Saudade de ser impulsionado a cada novo desafio que o pastoreio nos propõe e ser renovado pelo frescor com que cada voluntário trata o seu chamado. Saudade das conversas com um pastor que admiro muito no meio da tarde e, às vezes, até bem tarde da noite, projetando coisas novas e gerando os próximos sonhos que marcariam nossas histórias. Saudades até das implicâncias e brincadeiras que fazem tudo ser mais leve.

Saudade dos meus amigos, das minhas ovelhas, dos meus pastores, dos jovens, da minha família e de tudo mais que estou afastado nestes últimos dias. Mas, acima de toda saudade, um sentimento marcou minha estação aqui: gratidão!

sitedoandre.com

Este livro foi produzido em Adobe Garamond Pro 11 e
impresso pela Geográfica sobre papel Pólen Soft 70g para
a Editora Quatro Ventos em agosto de 2020.